ROB McGIBBON

Spice Girls

Buch

Mel C, Geri, Emma, Victoria und Mel B – noch nie hat eine Girl Group weltweit so großes Aufsehen erregt wie die Spice Girls. Seit *Wannabe* an die Spitze der Charts gestiegen ist, sind die Spice Girls als *das* Phänomen der Neunziger in die Musikgeschichte eingegangen. Sie wurden über Nacht zu Superstars – und niemand kann sie aufhalten.

Doch die Erfolgsstory der fünf Girls beruht nicht auf einem Wunder. Harte Arbeit, monatelanges Training und eine unglaubliche Willenskraft haben aus den Spice Girls Superstars gemacht. Und sie wünschen sich, daß alle Girls auf der ganzen Welt mit Spice Power ihre Träume verwirklichen können.

Jeder kennt die Erfogsstory *nach* Erscheinen der ersten Single. Rob McGibbon hat nachgeforscht, wie alles wirklich begann – wer die Idee zu der Gruppe hatte, wie die Girls mit der Kritik ihrer Gesangslehrerin umgingen, und wann sie mit Girl Power das Ruder selbst in die Hand genommen haben, um ihren Traum vom Erfolg wahr werden zu lassen.

Autor

Rob McGibbon wurde 1965 in Brockley, im Süden von London, geboren. Er begann seine journalistische Karriere bei den *Wimbledon News* und arbeitete für verschiedene überregionale Zeitungen als Reporter und Beobachter der Unterhaltungsbranche. Dann verfaßte er international erfolgreiche Pop-Biographien über Take That, New Kids on the Block, Simply Red und Boyzone. Rob McGibbon lebt als freier Journalist und Autor in Chelsea, London.

Als Pop-Biographien sind im Goldmann Verlag erschienen:

Backstreet Boys (43727) von Pauline Gellert
Bon Jovi (42851) von Alex Gernandt
Boyzone (43725) von Rob McGibbon
Caught in the Act (43627) von Michael Fuchs-Gamböck
Die Kelly Family (43260) von Peter Wendling
New Kids on the Block (41121) von Rob McGibbon
Oasis (43630) von Christian Seidl
Take That (42784) von Rob McGibbon
Tic Tac Toe (43992) von Adrian Brüder

ROB McGIBBON

Spice Girls

Die Erfolgsstory

GOLDMANN

Deutsche Erstausgabe

Umwelthinweis:
Alle bedruckten Materialien dieses Taschenbuches
sind chlorfrei und umweltschonend.

Der Goldmann Verlag
ist ein Unternehmen der Verlagsgruppe Bertelsmann

Originalausgabe September 1997

Umschlaggestaltung: Design Team München
Umschlagfoto: *Nick Tansley*
Satz: All-Star-Type Hilse, München
Druck: Presse-Druck Augsburg
Verlagsnummer: 43924
Lektorat: Frauke Brodd
Layout: Martin Strohkendl
Herstellung: Sebastian Strohmaier
Made in Germany
ISBN 3-442-43924-8

3 5 7 9 10 8 6 4 2

Inhalt

Spice Trail

Schon am frühen Morgen kamen die ersten Mädchen. Manche warteten bereits auf der engen Straße vor dem Tanzstudio, lange bevor der Hausmeister kam und die Tür aufschloß. Es machte ihnen nichts aus, denn das für diesen Tag angesetzte Vorsingen bot ihnen eine Chance, die sie auf keinen Fall verpassen wollten: Heute sollten die geeigneten Kandidatinnen für eine neue Girl Group ausgesucht werden.

Es war Freitag, der 4. März 1994, und der Beginn der Probeaufnahmen war auf elf Uhr im Dance Works Studio in der Balderton Street, London, angesetzt. Erste Gerüchte über die neue Gruppe waren laut geworden, als wenige Tage zuvor eine kleine Anzeige in *The Stage,* der Zeitung der Unterhaltungsbranche, »gewitzte, aufgeschlossene, ambitionierte und engagierte« Mädchen im Alter von achtzehn bis zwanzig Jahren aufforderte, sich zu einer Probevorstellung zu melden. Dieses Inserat war anders als die gewöhnlichen Einladungen zu Castings für Theaterproduktionen oder Fernsehshows: Es bot *allen* Interessierten ohne Einschränkungen, was Ausbildung, Aussehen oder Größe betraf, die Möglichkeit, ihr Können zu zeigen. Es war *die* Chance für ganz gewöhnliche Mädchen, zu Stars zu werden.

Als die Zeiger der Uhr auf elf rückten, drängten sich unzählige nervöse Mädchen mit ängstlichen Gesichtern in der holzgetäfelten Eingangshalle und auf den limonengrün gestrichenen Fluren von Dance Works. Im ganzen Haus hallten aufgeregtes Geschnatter und der eigenartige Klang von verträumten Stimmen wider, die mit Singübungen für die Probevorstellung fit gemacht wurden. Das Casting fand im großen Studio im dritten Stock statt, und eine lange Schlange wand sich bereits vom Erdgeschoß die Treppen hinauf bis zur Studiotür.

Einige Girls hockten scheinbar entspannt auf den Stufen und schwatzten angeregt miteinander, andere waren ganz still und dachten nur an das, was ihnen bevorstand. Doch die meisten machten Stretchübungen, um sich auf die verlangte Tanzeinlage vorzubereiten, oder lasen noch einmal den Text des Songs, den sie zum besten geben würden. Alle – egal wie sie die letzten Minuten vor dem Einlaß auch totschlugen – hatten Mühe, ihre Nerven und das Flattern in der Magengegend unter Kontrolle zu halten. Klar, es war nur ein weiteres Casting, aber sie wollten gut abschneiden, weil dies der Tag sein könnte, der sie zu den Popstars der Zukunft machte.

Ein Mann war an diesem Tag mindestens genauso nervös wie die Bewerberinnen – Chris Herbert. Das Vorsingen war seine Idee gewesen, und er hatte große Zweifel, ob sich genügend Mädchen melden würden. Ihm fiel ein Stein vom Herzen, als er sah, daß mehr als dreihundert ehrgeizige junge Künstlerinnen darauf warteten, ihn mit ihrem Können zu beeindrucken. Das war eine gute Ausgangsposition – er brauchte nur fünf Mädchen für die Band, und sicher ließen sich die geeigneten unter diesem riesigen Angebot finden.

Chris Herberts Traum begann vor drei Monaten mit einer Idee, die sich möglicherweise zur größten Musiksensation seit den Beatles entwickeln würde. Zu dieser Zeit waren Großbritannien und Europa im ersten Stadium des Take That-Fiebers. Die fünf Jungs aus Manchester – mit Gary Barlow an der Spitze – hatten gerade zweimal hintereinander mit *Pray* und *Relight My Fire* Nummer-Eins-Hits gelandet und waren kurz davor, mit *Babe* zum drittenmal die Charts zu stürmen. Der kometenhafte Aufstieg von Take That setzte Signale und verkündete die Rückkehr der Popmusik nach Großbritannien.

Die Bosse der Plattenindustrie sprudelten über vor Einfällen, wie sie an den lukrativen Erfolg der Gruppe anknüpfen könnten, und Boy Bands nach dem gleichen Strickmuster schossen wie Pilze aus dem Boden. Die Gruppe, die als Spitzenreiter nach der explosionsartigen Entstehung beinahe identischer Teeniebands hervorging und schließlich die Krone von Take That übernahm, war Boyzone. Erstaunlicherweise hatte ausgerechnet Chris Herbert aus Surrey, ein zweiundzwanzigjähriger Neuling in der hochbezahlten Plattenbranche, der sich erst seit zwei Jahren gegen die erfahrenen Hasen in diesem Geschäft durchzusetzen versuchte, die zündende Idee, die alle Erfolge der Boy Bands in den Schatten stellen sollte.

Chris besaß Organisationstalent und einen Blick für das, was finanziellen Profit versprach. Er hatte Elektrotechnik am College studiert, sein Studium jedoch schon im zweiten Jahr – mit siebzehn – abgebrochen, da er zu sehr damit beschäftigt war, beruflich Fuß zu fassen und Geld zu verdienen. In drei Jahren gründete er zwei erfolgreiche Unternehmen, ehe er sich auf seine erste Liebe, die Musik, konzentrierte.

Chris' Vater Bob war Buchhalter in einer Firma, hatte aber immer nebenbei im Musikgeschäft mitgemischt. Seinen ersten großen Schritt in die Popwelt machte er Mitte der achtziger Jahre, als er Chris' beste Freunde aus der Collingwood School in Camberley kennenlernte.

Die Zwillinge Matt und Luke Goss hatten zusammen mit einem dritten Jungen namens Craig Logan eine Popgruppe gegründet. Die Jungs waren erst fünfzehn, aber Bob Herbert erkannte auf Anhieb ihr Potential und erklärte sich nur allzu gern bereit, sie zu managen. Er ließ sie in seinem Sommerhaus üben, machte sie mit Songwritern bekannt, kam für die Kosten eines Demotapes auf und plante die Strategie, die ihnen einen Plattenvertrag verschaffen sollte. Bob hatte kein Glück, bis die Jungs achtzehn wurden, aber kurz vor dem Geburtstag der Zwillinge geschah das Unfaßbare: Ein etablierter Plattenproduzent wurde auf die Band aufmerksam – und Bob verlor die Kontrolle über sie. Die Band wurde unter dem Namen Bros die große Sensation der späten achtziger Jahre und brachte dem neuen Manager und der Firma viel Geld ein.

Trotz der bitteren Enttäuschung blieb Bob im Musikmanagement, wenn auch in kleinerem Rahmen. Sein Sohn Chris wurde sein Partner, und sie versuchten zusammen, das nächste große Talent zu fördern. Im Herbst 1993 erklärte Chic Murphy, ein finanzkräftiger Bekannter von Bob Herbert, daß er vorhabe, in ein neues Projekt zu investieren. Chic, ein Mann in den Fünfzigern mit dichtem, grauem Haar, hatte Millionen mit verschiedenen Unternehmungen – angefangen vom Handel mit Autos und Luxusyachten bis zum professionellen Glücksspiel – verdient.

Chic war kein Neuling in der Musikbranche. In den fünfziger Jahren hatte er die amerikanische Band The Platters und in den siebziger Jahren die Frauengruppe The Three Degrees erfolgreich gemanagt. Beide Gruppen hatte er übernommen, als ihr Stern bereits im Sinken begriffen war, aber es gelang ihm, ihren endgültigen Untergang mit lukrativen Tourneen durch die britischen

Nachtclubs und den Verkauf von signierten Platten vor und nach den Auftritten hinauszuzögern.

Angesichts des Ruhms von Take That beschlossen Bob und Chic, eine Boy Band zusammenzustellen, aber Chris war ihnen einen großen Schritt voraus: Er dachte eher an eine Girl Group. Mädchenbands waren nichts Neues, aber alle Versuche, den Erfolg von Bananarama zu kopieren, waren bis jetzt fehlgeschlagen. Das größte Hemmnis stellte die mangelnde Unterstützung von Teenie-Magazinen dar, deren Macher genau wußten, daß die Leserinnen prominente Mädchen als Bedrohung ansahen und Angst hatten, ihre Freunde könnten sich zu sehr für die Mitglieder der Gruppe interessieren. Die einzige Band, die einen Durchbruch zu schaffen schien, war Eternal, die mit ihrer ersten Single *Stay* im Oktober 1993 auf Platz 4 der Charts landete.

Aber Chris hatte ganz bestimmte Vorstellungen und war sicher, daß er Erfolg haben würde, wo andere versagt hatten. Er wollte aufgeweckte, selbstsichere Mädchen und unterschiedliche Charaktere in der Band haben, damit sich möglichst viele weibliche Fans mit ihnen identifizieren konnten. Der Vorteil einer solchen Gruppe wäre, daß sie auch die Heerscharen von Jungs, die bei der ausschließlichen Konzentration auf Boy Bands vollkommen übersehen worden waren, begeistern würde.

Es dauerte eine Weile, bis Chris seinen Vater und Chic davon überzeugen konnte, daß seine Idee funktionieren würde. Sogar noch als sie sich mit dem Gedanken angefreundet hatten, wollte Chic – der Mann, der das Projekt finanzieren sollte – langbeinige schwarze Mädchen aus Amerika einfliegen lassen, um die Three Degrees zu kopieren. Zu guter Letzt erklärten sich Chic und Bob doch mit Chris' Plan einverstanden, und die lange Suche nach dem, was einmal die Spice Girls werden sollten, begann.

Chris machte sich sofort an die Arbeit. Als erstes ließ er tausend Flugblätter in Postkartengröße drucken. Er entwarf einen WANTED-Steckbrief im Wildweststil und überlegte lange, wie er den Text der Anzeige formulieren sollte. Er nahm die *Typen* ins Visier, die er haben wollte, und legte weniger Wert auf Aussehen oder Hintergrund; schließlich fand er die vier Schlüsseleigenschaften, die die Gruppenmitglieder haben sollten: »gewitzt, aufgeschlossen, ambitioniert und engagiert.« Er wollte unverfälschte Mädchen, keine Models mit Laufsteg-Figuren.

In den nächsten zwei Monaten dachte Chris an nichts anderes mehr als an die Band. Während er durchs ganze Land kurvte, sich in London, im Südosten und in den größeren Städten im Norden – Birmingham, Manchester und Liverpool eingeschlossen – umsah, wurde ihm immer klarer, welches Image die Gruppe haben mußte. Er besuchte die wichtigsten Tanz- und Schauspielschulen in den verschiedenen Städten, heftete die Flugblätter an die Schwarzen Bretter und verteilte sie an Mädchen mit der Bitte, ihm einen Lebenslauf und eine Mappe mit Fotos zu schicken, falls sie interessiert seien. Selbst beim Einkaufen, oder wenn er mit seiner Freundin im Pub saß, suchte er nach geeigneten Kandidatinnen. Sobald ein Mädchen seine Aufmerksamkeit erregte, sprach er es an, erklärte, was er vorhatte, und drückte ihm ein Flugblatt in die Hand.

In London wandte er sich an die großen Tanzstudios wie Pineapple und Dance Works und durchforstete die Zeitung *The Stage* nach Inseraten, in denen junge Tänzerinnen und Sängerinnen zu Castings aufgefordert wurden. Er ging zu Vorsprechterminen für West End-Shows, schaute sich in Nachtclubs um und verteilte seine Zettel sogar bei einer Aufzeichnung für die Fernsehshow *The Word*, weil das Live-Publikum jung und trendy war.

Bei den Castings saß Chris ganz hinten im Studio, beobachtete alle Mädchen mit Argusaugen und taxierte ihr Äußeres und ihr Auftreten. Diejenigen, die ihm gefielen, hielt er am Bühneneingang auf, bevor sie nach Hause gingen. Manchmal erntete er skeptische Blicke, wenn er in den Studios herumlungerte, aber sobald er erklärte, warum er da war, hörten ihm alle gebannt zu. Die Mädchen, mit denen er sprach, sehnten sich nach Ruhm und Erfolg und waren sofort Feuer und Flamme.

Ende Januar war Chris vollkommen erledigt. Er hatte alle Flugblätter verteilt, und eine wahre Flut von Bewerbungen traf in dem Büro ein, das er mit seinem Vater teilte und das sich in einem zu einem Gewerbezentrum umgebauten Gebäudekomplex in einem Dorf in Surrey befand. Es war nur ein kleiner Raum im Obergeschoß – kein weitläufiges Büro mit Designermöbeln, wie es die Manager der großen Plattenfirmen in London hatten –, aber es war zweckmäßig, und es war die Geburtsstätte der Spice Girls. Sie sahen sich Hunderte Fotos von jungen, hoffnungsvollen Gesichtern an, lasen all die sorgfältig getippten Lebensläufe und sortierten die aus, die auf keinen Fall in Frage kamen. Langsam, aber sicher lichtete sich der Unterlagenberg zu einer überschaubaren Größe. Sie nahmen sich den kleineren Stapel noch einmal vor und fingen von vorn an, sie siebten weiter aus, bis sie eine Liste von achtzig Namen hatten, die sie in die engere Wahl zogen. Dann setzten sie sich mit den ausgesuchten Mädchen in Verbindung und luden sie zu einem Vorsingen ein.

Chris hatte das ungute Gefühl, daß eine Auswahl von achtzig Kandidatinnen nicht ausreichte – es erschien ihm eher unwahrscheinlich, daß gerade die fünf dabei waren, die er suchte –, deshalb beschloß er in letzter Minute, jedem Mädchen, das sich dazu berufen fühlte, die

Chance zu bieten, ihm vorzusingen. Am 24. Februar setzte er eine etwas abgeänderte Version seines Flugblatts als Anzeige in *The Stage* und bat alle Interessentinnen zwischen achtzehn und dreiundzwanzig zu einem offenen Casting. Es war eine schicksalhafte Entscheidung, denn ohne diese Anzeige wäre die treibende Kraft hinter den Spice Girls möglicherweise nie entdeckt worden.

Um elf Uhr machte sich Chris bereit, die zukünftigen Stars aus der Menge von Träumerinnen, die auf der Treppe warteten, herauszupicken. Das Studio war für sechseinhalb Stunden gebucht, und der Tag versprach, anstrengend zu werden. Zunächst wurden die Mädchen in Zehnergruppen eingeteilt und gebeten, zu *Stay* von den Eternals zu tanzen, als ob sie in einem Nachtclub wären. Chris wollte ihren natürlichen Rhythmus und ihren Einfallsreichtum sehen, keine sorgfältig choreographierten und einstudierten Schritte.

Das Urteilsverfahren lief beinahe so ab wie bei einem Boxkampf: Vier »Richter« – Chris, Bob, Sarah Davison, eine befreundete Tänzerin und Choreographin, und Chris' Freundin Shelley D'Silva, die schon für viele Popgruppen als Stylistin tätig gewesen war – vergaben Punkte von eins bis zehn. Jedes Mädchen wurde in verschiedenen Kategorien wie tänzerisches Talent, Aussehen und Persönlichkeit beurteilt. Eine Gruppe nach der anderen trat auf und tanzte. Die Stunden verrannen, und die Kästen, in die die Din-A-4-Blätter mit der Beurteilung der Jury wanderten, füllten sich. Die Mädchen mit den besten Punktzahlen wurden gebeten, draußen zu warten.

Im Laufe des Nachmittags begann die zweite Phase: Die Bewerberinnen, die am besten abgeschnitten hatten, wurden aufgefordert, einen Song nach eigener Wahl in ein Standmikrophon zu singen. Begleitet wurden sie entweder von einem Tape, das sie selbst mitgebracht hatten, oder von einem Pianisten, der die Stücke vom Blatt spielte. Eine auf einem Stativ installierte Videokamera nahm die Mädchen bei ihrer Vorstellung auf. Nach diesem Durchgang blieben nur noch zwanzig Kandidatinnen in der engeren Wahl, und drei Mädchen, die später Spice Girls werden sollten, wurden entdeckt.

Melanie Chisholm war besonders eindrucksvoll dank ihrer ausdrucksstarken, gefühlvollen Stimme. Zudem zeigte sie ungeheures Selbstbewußtsein; sie schnappte sich das Mikrophon von dem Ständer, um *I'm So Excited* von den Pointer Sisters zu schmettern und dabei mit der freien Hand zu gestikulieren und zu tanzen. Sie hatte ein T-Shirt und eine dunkle Hose an und trug ihr schulterlanges Haar offen. Mel war so zufrieden mit ihrer Performance, daß sie den Juroren frech zunickte, als sie die Bühne verließ.

Melanie Browns Vorstellung bildete einen krassen Gegensatz dazu. Sie war am Morgen zu Dance Works gegangen, um sich als Sängerin für eine sechsmonatige Kreuzfahrt zu bewerben, und erst eine Freundin, die sie zufällig auf dem Flur getroffen hatte, überredete sie, auch an dem Casting für die Popgruppe teilzunehmen. Zuerst hatte sie keine große Lust, aber dann sagte sie sich, daß ein Versuch nicht schaden könnte. Vielleicht war dieser überstürzte Entschluß schuld an ihrer Nervosität. Mel stand stocksteif vor dem Mikrophon, und ihre zittrige Stimme traf einige Male nicht den richtigen Ton, als sie Whitney Houstons *Greatest Love of All* sang. Trotz dieser Schwäche waren die Herberts von Mels Aussehen und ihrer Persönlichkeit angetan.

Victoria Adams war das dritte Mädchen, das einen guten Eindruck hinterlassen hatte, aber aus ganz anderen Gründen. Sie sang *Mein Herr*, ein Lied aus dem Film und Musical *Cabaret*. Sie genoß offenbar ihren großen Auftritt, schob das Becken vor und warf den Kopf zurück, als sie sang. Mel wirkte ein bißchen reserviert und hochgestochen, aber gerade diese Seite ihres Charakters gefiel Chris und Bob.

Nach einem langen Tag in den Dance Works Studios packten Chris und Bob ihre Sachen zusammen und fuhren nach Hause. Sie waren sehr zufrieden mit dem Ergebnis des Casting und ahnten instinktiv, daß ihnen die Videobänder und die Massen von Beurteilungszetteln weitere Aufschlüsse geben würden. Andererseits waren sie realistisch genug, um zu wissen, daß noch viel zu tun war, bevor ihre Idee Gestalt annehmen würde.

Was die Mädchen betraf, die an diesem Tag ihr Bestes gegeben hatten … manche gingen mit den größten Hoffnungen nach Hause, andere waren enttäuscht von ihrer Vorstellung, und die meisten schrieben die Sache ab und verbuchten den Tag als ein weiteres fehlgeschlagenes Casting auf ihrer Jagd nach Ruhm.

Im Rolls Royce zur Schule

Victorias Story

Es war kein Wunder, daß Victoria Adams ihre Performance mit ein wenig Theatralik aufgemöbelt hatte, schließlich nahm sie schon von Kindesbeinen an Tanzunterricht. Victoria wurde am 7. April 1975 geboren, und seit sie denken konnte, träumte sie davon, einmal ein Star zu werden. Schon von klein auf wollte sie auf sich aufmerksam machen und zeigen, was sie konnte, und sie gab ihrer Familie und Freunden zu Hause oft Vorstellungen. Victoria liebte das Tanzen so sehr, daß ihre Mutter beschloß, die Leidenschaft der achtjährigen Tochter zu fördern und sie in einer Tanzschule anzumelden.

Joy Spriggs, die Leiterin der Jason Theatre School, erinnert sich noch gut an diesen Tag: »Ihre Mutter sagte mir, daß Victoria verrückt nach Tanzen war, und sie wollte von mir wissen, ob sie wirklich Talent hat. Sobald ich sah, wie Victoria tanzte, wußte ich, daß sie etwas ganz Besonderes ist. Sie ist eine Naturbegabung und hat ein überschäumendes Temperament. Sogar schon als kleines Mädchen bewegte sie sich instinktiv richtig. Sie brauchte eine anständige Ausbildung, aber ich erkannte auf Anhieb, daß wir ihr Talent fördern könnten.«

Möglicherweise hat Victoria den Drang, sich darzustellen, von ihrem Vater Tony geerbt – er war als junger

Mann Musiker gewesen und gehörte in den sechziger Jahren einer Gruppe namens The Sonics an. Die Band hatte vielversprechende Ansätze gezeigt, aber Tony gab seine Träume von einem Leben als Popstar auf, als er Victorias Mutter Jackie heiratete. Das Ehepaar gründete ein Großhandelsgeschäft für Elektroartikel, das so gut lief, daß sie sich ein großes Landhaus mit Swimmingpool in Goff's Oak, Hertfordshire, und einen Rolls Royce für Tony leisten konnten. Das Geld sicherte Victoria und ihren jüngeren Geschwistern Louise und Christian eine privilegierte Kindheit mit regelmäßigen Familienurlauben im Ausland und allen materiellen Gütern, die sich Kinder nur wünschen konnten.

Victorias größtes Privileg waren die Tanzstunden in der Jason Theatre School im fünfundzwanzig Minuten entfernt gelegenen Broxbourne. Am Anfang fuhr ihre Mutter sie zweimal in der Woche nach der Schule hin. Sie wurde von Steptanz und Ballett bis zu Jazz und Modern Dance unterrichtet, und zudem erhielt sie noch Gesangsstunden. Insgesamt hatte die Schule etwa dreihundert Schüler, und Victoria kam in eine Klasse mit fünfundzwanzig Mädchen und ein paar Jungs. Weil die meisten anderen am Ort wohnten, war sie von vornherein eine Außenseiterin, aber das störte sie nicht. Sie kostete jede Minute aus und hatte eine schnelle Auffassungsgabe und ein bemerkenswertes Selbstbewußtsein. Ihr größter Wunsch war, mit ihrem Können zu glänzen und bald auf einer Bühne zu stehen. Joy Spriggs war immer bemüht, all ihre Schüler gleich zu bewerten und keinen zu bevorzugen, aber sie mußte eingestehen, daß Victoria zu den drei Mädchen gehörte, die dem Rest der Klasse immer voraus und begierig darauf waren, das auch zu zeigen. »Ich konnte mich immer darauf verlassen, daß Victoria in der ersten Reihe stand«, sagt Mrs. Spriggs. »Es war für sie etwas ganz Natürliches, die Aufmerksamkeit auf sich zu ziehen, und sie lernte die Tanzschritte schneller als die meisten anderen Kinder. Es wäre falsch, zu sagen, daß sie die *Allerbeste* war, aber in ihrer Klasse gehörte sie zweifelsohne zu den Besten.«

Die Jason Theatre School gab alljährlich eine kleine Vorstellung unter dem Titel »Let Us Entertain You«. Es war kein ganzes Stück, sondern mehr eine bunte Mischung von unterschiedlichen Darbietungen für Eltern und die Bewohner von Broxbourne. Schüler aller Altersgruppen waren beteiligt, ob bei Soloeinlagen in Gesang oder Tanz oder in der Gruppe. Victoria hatte mit neun Jahren ihren ersten großen Auftritt bei einer solchen Veranstaltung. In diesem Jahr wurde unter anderem auch ein Stück nach dem Märchen *Des Kaisers neue Kleider* aufgeführt. Victoria spielte den Jungen, der die Wahrheit ausspricht und laut hinausschreit, daß der König gar keine Kleider anhat. Es war ein großer Moment für die kleine Victoria. Mrs. Spriggs sagt: »Sie hatte ein, zwei Sätze zu sagen, und es war ihre erste Sprechrolle bei uns. Ich kann mich nicht erinnern, daß sie besonderes Lampenfieber hatte, aber sie war ganz aus dem Häuschen vor Freude. Sie hatte ihren Spaß, und sie machte ihre Sache sehr gut.«

Ihrem Bühnendebüt in der Tanz- und Theaterschule folgten größere Rollen. In einer Schulaufführung zeigte sie ein Steptanz-Duett mit einem anderen Mädchen. Beide trugen pinkfarbene Trikots, Handschuhe und große Fliegen und schwarze Hüte, in den Händen hielten sie Spazierstöcke. Damals war Victoria zwölf, sie beherrschte viele Tanznummern unterschiedlicher Stile und galt in der Schule als strahlendes Talent. Sie wurde von einer örtlichen Amateur-Theatergesellschaft entdeckt und war eine der wenigen Glücklichen, die für ihre

Aufführungen im Civic Theatre in Broxbourne ausgesucht wurden. Sie steppte als Munchkin im *Zauberer* von Oz und hatte eine Rolle in *Hello, Dolly*.

Auf den Fotos aus diesen aufregenden Tagen als junge Darstellerin wirkte Victoria ganz natürlich, und man sah ihr an, daß sie Spaß am Verkleiden und am Tanzen hatte. Das süße Kind von damals unterscheidet sich in einem sehr von dem Mädchen mit der grimmigen Miene, die die Welt später mit Posh Spice assoziieren sollte. Damals, als Victoria noch ein ungezwungenes Mädchen war, zeigte sie oft ein bezauberndes Lächeln, und es war ihr egal, daß sie eine breite Lücke zwischen den vorderen Schneidezähnen hatte; erst als sie älter wurde, störte sie sich daran. In ihrer Teenagerzeit, als sie eitler wurde, preßte sie beim Lächeln die Lippen zusammen, wenn professionelle Aufnahmen gemacht wurden. Selbst noch Jahre später, als die Zähne längst korrigiert waren kehrte das unschuldige Lächeln nicht zurück. Schließlich posierte sie nur noch mit zusammengekniffenem Mund und dem finsteren Blick, der inzwischen zu ihrem Markenzeichen geworden ist.

Ein anderer Grund für das Verschwinden des Lächelns waren die Probleme, die Victoria in der Senior High School hatte. Sie war gern in die Grundschule und in die Unterstufe gegangen, weil sie dort in Theatergruppen mitmachen durfte. Aber abseits der Bühne war sie ein stilles, schüchternes Mädchen, das immer alle Hausaufgaben machte und sich nicht viel mit ihren Mitschülerinnen abgab. Sie hatte zwar ein paar Freundinnen, schloß sich aber nie der großen Clique an, die nach der Schule zusammen herumhing – Victorias Freizeit war hauptsächlich mit Tanzstunden ausgefüllt. Es machte ihr nichts aus, nicht dazuzugehören, weil sie mit ihrer Arbeit für die Schule und dem Tanzen vollauf zufrieden war.

Aber in der Senior High School herrschte ein anderes Klima. Teenager sind nicht so nachsichtig mit denen, die sich abkapseln, und schon bald wurde Victoria zur Zielscheibe für Schikanen und Hänseleien. Victoria konnte die Feindseligkeit nicht verstehen, denn sie hatte nie jemanden offen beleidigt und verhielt sich auch nicht anders als früher; sie wollte sich nur nicht mit der Clique abgeben. Die anderen deuteten das als Arroganz. Während die coolen Girls im Fahrradschuppen rauchten, saß Victoria im Klassenzimmer, büffelte für einen Test oder machte ihre Hausaufgaben. Nach der Schule lungerten die anderen in Cafés herum und flirteten mit Jungs, Victoria hingegen ging in die Tanzschule. Selbst wenn sie mit den anderen hätte zusammensein wollen, hätte ihre Mutter sie nicht gelassen. Jackie Adams wollte, daß ihre Tochter ihren Horizont erweiterte und lohnende Interessen entwickelte.

Im wesentlichen wurde Victoria als Schleimerin angesehen, weil sie nie in Schwierigkeiten kam, und wegen der Tanzerei als Primadonna. Daß ihre Familie Geld hatte, machte alles noch schlimmer, und die Tatsache, daß ihr Vater einen Rolls Royce fuhr, besiegelte mehr oder weniger Victorias Schicksal. Sie wand sich vor Verlegenheit, als ihr Vater sie und ihre Geschwister zum erstenmal mit dem Rolls zur Schule brachte – sie wußte genau, daß sie einiges zu hören bekommen würde. Sie flehte Tony jeden Morgen an, den Van zu nehmen, aber meistens brauchte er den Rolls im Geschäft. Außerdem – wieso sollte er sich von Schulhoftyrannen Vorschriften machen lassen? Die Schikanen begannen mit Beschimpfungen und gipfelten in massiven Einschüchterungsversuchen, aber Victoria wurde nie verprügelt oder ernsthaft verletzt. Die anderen nannten sie »Pickelgesicht«, weil sie als Teenie Akne hatte, und machten sich über ihre Himmelfahrtsnase lustig. Die Beschimpfungen waren grausam, und die Androhungen auf Gewalt machten ihr angst. Ein schwarzer Schatten lag über den Jahren in der Senior High School, und die Erfahrung hatte eine dauerhafte Auswirkung auf Victoria. Jahre später, als sie schon zu den Spice Girls gehörte, erzählte sie bei einem Interview mit dem Magazin *Sugar*:

»Ich hatte nie viele Freunde in der Schule – ich war kein bißchen beliebt, und mir war das alles verhaßt. Was mir am meisten geschadet hat, war, daß ich nie auf Ärger aus war. Sie machten mich fertig, weil ich ziemlich hart für die Schule gearbeitet habe. Ich war eine Außenseiterin. Ich hab' nie geflucht oder so, deshalb war ich uncool. Es war uncool, aus einer anständigen Familie zu stammen, hart zu arbeiten und höflich zu sein.

Wenn ich die Klasse betrat, war ich wie gelähmt vor Angst. Meistens wurde ich herumgestoßen und beschimpft, dann sagten die Mädchen Dinge wie: ›Nach der Schule kriegen wir dich.‹ Später standen sie alle am Tor und warteten auf mich. Wieder schubsten sie mich herum. Sie haben mich nie verdroschen, aber das ist nicht so wichtig. Das Warten auf das, was passieren könnte, war eine richtige Tortur.

Eine Zeitlang war ich vollkommen fertig. Schon beim Aufwachen hatte ich Angst und überlegte, mit wem ich zum Mittagessen gehen und neben wem ich in der Klasse sitzen sollte. Es war jeden Morgen ein Kampf. Die anderen Kids kamen mit dem Bus, aber weil wir zu weit weg wohnten, fuhr uns meistens mein Vater zur Schule. Fast jeden Tag sagte ich zu ihm: ›Dad, bitte, bitte, nimm den Van.‹ Ich konnte die ewigen Sticheleien, wenn wir mit dem Rolls ankamen, nicht mehr aushalten. Manchmal wünschte ich, ich käme aus einer anderen Familie.«

Je schlimmer die Stimmung in der Schule wurde, um

Victoria

so mehr freute sich Victoria auf den Tanzunterricht. Es spielte keine Rolle, daß sie kein Broxbourne-Kid war – sie war nur dort, um zu tanzen. Sie war vollkommen versunken ins Ballett oder in den Jazzdance, lauschte aufmerksam der Musik und konzentrierte sich auf die Schrittfolgen. All der Frust und die Angst vor der Schule waren vergessen, wenn sie tanzte.

Victorias Eltern unterstützten eifrig ihre Liebe zum Tanz, und zum Glück waren sie finanzkräftig genug, um extra Stunden zu bezahlen, als aus dem kindlichen Zeitvertreib eine ernste Passion wurde. Mit vierzehn Jahren nahm Victoria drei- oder viermal in der Woche Unterricht. Zudem bekam sie alles, was sie brauchte: Tanzschuhe, Leggins oder Trikots und einen Recorder für die Musik. Wahrscheinlich wäre Victoria die erste, die zugeben würde, daß sie ein verwöhntes Kind war, aber das Geld war gut angelegt, wie sich später erweisen sollte.

Joy Spriggs sagt dazu: »Victoria lebte, aß, schlief und trank nur fürs Tanzen. Ich erkannte, wie engagiert sie war, und dachte: Das Mädchen hat wirklich etwas an sich. Wie alle anderen, die in eine Tanzschule gehen, träumte sie davon, einmal berühmt zu werden. Beim Tanzen bewegte sie sich instinktiv, und sie liebte es, sich darzustellen. Sie hatte auch eine hübsche Singstimme mit einem ungewöhnlichen Klang. Es ist schwierig, ihre Stimme zu beschreiben, aber wenn ich die Augen schloß, konnte ich sie unter vielen anderen erkennen.

Nach einer gewissen Zeit wurde es offensichtlich, daß das Tanzen mehr als ein Hobby für Victoria war. Ihr wurde bewußt, daß sie einen Beruf daraus machen wollte. Wir haben an unserer Schule eine Lehrerin, die Berufstänzerinnen ausbildet, und Victoria erzählte ihr, daß sie zum Theater wolle. Sie wollte bei den großen Musicals im West End mitwirken.

Ihre Mutter stärkte ihr immer den Rücken. Sie trieb sie nicht an, das nicht, aber sie half ihr, wenn Victoria sie brauchte. Ich unterhielt mich oft mit ihr über Victorias Zukunft und über die Möglichkeiten, die ihr offen standen. Victoria hatte Glück – es ist sehr teuer, jahrelang Tanzunterricht zu nehmen, aber ihre Familie konnte es sich leisten.«

Victoria faßte den Entschluß, lieber Karriere im Showbusineß zu machen – wie beschwerlich das auch sein mochte –, als ein Studium anzufangen. Aber sie mußte sich anstrengen, um sich für eine gute Schauspielschule zu qualifizieren – die Aufnahmeprüfungen waren ziemlich schwer, und man verlangte von den potentiellen Schülern beinahe so viel wie bei einem echten Casting. Victoria ging jeden Abend ins Jason Theatre und trainierte auch an den Wochenenden stundenlang. Ihre Mühen zahlten sich schon nach kurzer Zeit aus; Victorias Leistungen in der Tanzschule waren überragend, und sie gewann drei Special Awards: den Senior Choreographic Award, den Shakespeare Shield for Drama und den Personality Cup.

Als Victoria fünfzehn war, ließ ihr Vater ein neues Alarmsystem im Haus installieren. Der junge Mann, den die Firma schickte, war Mark Wood, ein neunzehnjähriger Sicherheitsberater. Während er im Haus arbeitete, unterhielt er sich mit Victoria und war sofort hin und weg von ihr. Mark war so verknallt, daß er unter dem Vorwand, er müsse die Alarmanlage überprüfen, noch einige Male ins Haus kam, obwohl er genau wußte, daß alles bestens funktionierte. Er war fest entschlossen, mit Victoria auszugehen, und machte mit seiner damaligen Freundin Schluß, bevor er sicher sein konnte, ob Victoria ihn überhaupt mochte. Mark tauchte manchmal unangemeldet auf, und fast immer sagte ihm Mrs. Adams, daß Victoria nicht zu Hause sei. Erst später erfuhr er, daß sie sich vor ihm versteckt hatte, weil sie dachte, nicht gut genug angezogen zu sein, um Eindruck zu schinden.

Nach einigen Spielchen dieser Art nahm Mark all seinen Mut zusammen und rief Victoria an, um sie zu fragen, ob sie mit ihm ausgehen wolle. Sie sagte ja, und er führte sie in eine Bar. Es war eine ihrer ersten richtigen Verabredungen, und sie war entsetzlich aufgeregt, besonders weil Mark so viel älter war als sie. Außerdem war sie an Alkohol nicht gewöhnt – die Kombination von Nervosität und alkoholischen Getränken wirkte sich verheerend aus: Victoria war bald ziemlich betrunken. Mark hatte nicht einmal Zeit, ihren ersten Bacardi-Cola zu bezahlen, bevor sie ihr Glas geleert hatte. Je später der Abend wurde, um so mehr kicherte Victoria, aber Mark war bezaubert von ihrer Naivität.

Das war der Beginn einer fünfeinhalb Jahre dauernden Liebesbeziehung, die ziemlich schnell ernst wurde. Nach etwas mehr als sechs Monaten – Victoria war jetzt sechzehn – schlief sie zum erstenmal mit Mark, als ihre Eltern nicht zu Hause waren. Ihre Mutter war aufgeschlossen und tolerant, und Victoria hatte schon vorher mit ihr darüber gesprochen. Die Beziehung wurde immer enger, und Mark war sehr besitzergreifend, und Victoria, die daran gewöhnt war, immer ihren Willen zu bekommen, gefiel es, noch jemanden zu haben, der ihr nach Möglichkeit jeden Wunsch erfüllte.

Das Glück der ersten Liebe wurde getrübt, als Victoria an einer der besten Tanz- und Schauspielschulen des Landes angenommen wurde. Es war ein erster Erfolg, aber es bedeutete auch, daß sie wegziehen und Mark und ihre Familie verlassen mußte. Sie hatte die Aufnahmeprüfung für die dreijährige Ausbildung an der Laine

Theatre Arts School in Surrey mit Bravour bestanden. Davon hatte sie lange geträumt und hart dafür gearbeitet, und sie dachte nicht daran, diese Chance ungenutzt verstreichen zu lassen.

Victoria quartierte sich im Wohnheim der Schule ein und fand es in der ersten Zeit furchtbar. Sie vermißte Mark und ihre Familie, und es fiel ihr schwer, mit den Gemeinheiten mancher Mädchen fertig zu werden. Sie nahm seit einigen Monaten die Pille und hatte stark zugenommen. Sie hatte schon als Teenie ein paar Pfunde zuviel gehabt, aber durch die Bewegung beim Tanzen hatte sie ihr Gewicht unter Kontrolle gehalten. Aber jetzt half auch das harte Training in Laine nichts mehr, um die überflüssigen Kilos loszuwerden. Die anderen Mädchen machten spitze Bemerkungen über ihre Figur, und sie beschloß, die Pille abzusetzen und auf ihr Gewicht zu achten.

Selbst als sie abgenommen hatte, erntete Victoria viel Kritik wegen ihres Aussehens und ihren Leistungen in diesem ersten Jahr, und das machte ihr schwer zu schaffen. In ihrer früheren Tanzschule war sie der viel gepriesene Star gewesen, und hier war sie Mittelmaß und mußte sich gegen harte Konkurrenz durchsetzen. Das war ein Schock für sie, und sie war so verzweifelt, daß sie oft in Tränen ausbrach und Mark oder ihrer Mutter stundenlang am Telefon ihr Leid klagte. Sie hatte solches Heimweh, daß sie manchmal abends heimfuhr und früh am Morgen nach Laine zurückkam.

So viel ihr die Ausbildung in Laine auch abverlangte, sie machte sie zäher und tat ihr ausgesprochen gut. Sie mußte widerstandsfähig sein, wenn sie ernsthaft in der brutalen Theaterwelt Karriere machen wollte. Die Lehrer in Laine bereiteten die Schüler auf die vielen Rückschläge und Niederlagen vor, mit denen sie später zweifelsohne konfrontiert wurden. Victoria mußte sich ein dickes Fell zulegen, um die zukünftigen Absagen und Zurückweisungen wegstecken zu können. In den drei Jahren fern von der Geborgenheit in Goff's Oak wurde Victoria erwachsen.

Im ersten Jahr beauftragte sie den örtlichen Fotografen Geoff Marchant, Aufnahmen für ihre Mappe zu machen. Sie bezahlte ihm fünfundzwanzig Pfund und bestand darauf, daß er nur Schwarz-Weiß-Fotos von ihr machte. Sie wußte ganz genau, was sie wollte, und diese Aufnahmen waren der erste Hinweis darauf, daß sie sich vorgenommen hatte, ihr Lächeln künftig ganz unter Verschluß zu halten.

Geoff erzählt: »Viele Youngsters, mit denen ich gearbeitet habe, tauchten in meinem Atelier auf und baten mich, ihnen zu sagen, was sie tun sollten. Aber Toria gab mir Anweisungen – so etwas erwartet man nicht unbedingt von einer Sechzehnjährigen. Sie wußte, was sie wollte. Sie lächelte auf keinem der Fotos, ihre Miene blieb immer ernst. Irgendwann versuchte ich ihr klarzumachen, daß sie wenigstens ein, zwei Fotos in ihrer Mappe brauchte, auf denen sie lächelte, aber sie wollte nichts davon wissen.«

Dabei hatte Victoria in ihrem zweiten Jahr in Laine guten Grund zu lächeln. Ihre Eltern kauften ihr eine große Drei-Zimmer-Wohnung, und einige Mädchen aus ihrer Klasse wohnten in der Folgezeit bei ihr. Victoria lebte ihre Freiheit aus und freute sich, daß Mark über Nacht bei ihr bleiben konnte, wenn er sie besuchte. Ihre Beziehung war so eng wie immer, und in den Ferien waren sie ständig zusammen. Mark verstand sich gut mit Victorias Eltern und ging bei den Adams ein und aus. Im Sommer fuhren sie zusammen nach Spanien ins Ferienhaus der Adams, im Winter machten sie Skiurlaub in den Alpen. Mark wurde als Familienmitglied akzeptiert und zog sogar ins Haus der Adams.

Victoria machte ihre Abschlußprüfungen in Laine und verließ die Schule voller Hoffnungen für die Zukunft. Anfangs hatte sie schwer zu kämpfen und mußte bei Vorsprechterminen einige Absagen hinnehmen, aber dann hatte sie ihren ersten Durchbruch, als man sie als Chorusline-Tänzerin für das Stück *Bertie* engagierte, das in Birmingham aufgeführt wurde. Das waren großartige Neuigkeiten, obwohl sie sehr traurig war, sich für drei Monate von Mark trennen zu müssen. Tatsächlich machte sie sich solche Sorgen, daß sie einen theatralischen Vorschlag machte, um ganz sicherzugehen, daß die Beziehung ihre Abwesenheit überdauern würde: Sie wollte sich mit Mark verloben.

Zuerst war Mark nicht überzeugt, daß das der richtige Schritt war, aber dann gefiel ihm die Idee doch ganz gut, und er bat Victorias Vater förmlich um die Erlaubnis, sich mit seiner Tochter verloben zu dürfen. Tony und Jackie Adams waren hocherfreut und gaben eine große Gartenparty, um den Anlaß gebührend zu feiern. Mark schenkte Victoria einen speziell für sie angefertigten Verlobungsring, für den er 1500 Pfund bezahlte. Trotz all ihrer Träume, für immer mit Mark zusammenzubleiben, scheiterte die Beziehung letztendlich an Victorias Ambitionen.

Victoria war begeistert von ihrer Rolle in *Bertie*, aber auf diesen ersten kleinen Triumph folgten nichts als Absagen. Das war die harsche Wirklichkeit, die fast jeder Künstler kennt und für die in Victorias Kinderträumen vom Ruhm kein Platz gewesen war. Sie meldete sich zu unzähligen Castings und Vorsprechterminen und wurde hin und wieder auch zum zweitenmal in die Studios bestellt, aber einen Job bekam sie nicht. In der vergeblichen Hoffnung, engagiert zu werden, log sie, was ihr Alter, ihre Größe und Berufserfahrung betraf, aber das half ihr auch nicht weiter, und ihr Selbstvertrauen schwand allmählich dahin. Sie gab sich große Mühe, sich nichts anmerken zu lassen, aber die Absagen taten höllisch weh. Es gelang ihr, sich mit Werbeauftritten bei Frisuren- und Modeschauen sowie als Model für eine Make-up-Firma Beschäftigung zu verschaffen. Sie arbeitete sogar bei Sky Televisions während der Ausstrahlung des Rugby World Cups. Aber das alles war weit entfernt von ihrer Vorstellung, in einem Musical im West End auf der Bühne zu stehen.

Das Schicksal wendete sich, als sie die Anzeige für eine neue Popgruppe entdeckte, die ein Musiker namens Steve Andrews zusammenstellte. Er wollte eine fünfköpfige Band mit drei Mädchen, einem Freund und sich selbst gründen. Steve hatte vor, die Gruppe zu managen und aufzubauen, bis sie einen Plattenvertrag in der Tasche hatte. Victoria schickte ihm ihr Lieblingsfoto aus ihrer Mappe – sie, ganz in Schwarz mit Netzstrümpfen, Handschuhen und dunkler Brille und provokantem Schmollmund.

Steve sagt dazu: »Ich hatte Hunderte von Bewerberinnen, aber als ich Victorias Foto sah, wußte ich sofort, daß ich sie in die Band aufnehmen mußte. Sie sah sexy auf dem Foto aus. Das war genau das Image, das ich mir vorgestellt hatte. In ihrem Lebenslauf stand, daß sie eine Schauspielschule besucht, aber noch nie professionell gesungen hatte. Das war mir egal – ich mußte sie persönlich kennenlernen. Mein Gefühl hat mich nicht getrogen. Sie kam ins Zimmer und sah toll aus. Sie war schüchtern, Mummys kleines Mädchen, doch das machte sie noch interessanter. Sie war keine umwerfende Sängerin, aber sie hatte Potential, und ich wußte, daß ich das richtige Mädchen gefunden hatte. Sie war scharf darauf, berühmt zu werden, und bereit, hart dafür zu arbeiten.«

Steve nahm Victoria in seine Band auf, die er Persuasion nannte, und als auch die anderen Mitglieder ausgesucht waren, begannen sie mit den Proben. Victoria strengte sich nach Kräften an, aber in ihren ersten Anfängen zitterte ihre Stimme, wenn sie ins Mikrophon sang. Ein weiteres Handicap war, daß Mark oft zu den Proben kam, und seine Eifersucht vergiftete die Atmosphäre. Trotz der anfänglichen Probleme arbeitete die Gruppe etliche Monate zusammen und machte gute Fortschritte.

Steve merkte nicht, daß Victoria weiterhin nach anderen Möglichkeiten Ausschau hielt. In dieser Zeit ging sie zu den Probeaufnahmen in den Dance Works Studios, und die Talentsucher dort erkannten wie Steve auf Anhieb Victoria Adams' Starqualitäten.

Freundinnen aus dem Norden

Mel C und Mel B

Chris und Bob Herbert studierten die Videobänder von den Mädchen und reduzierten nach und nach die Liste der in Frage kommenden Kandidatinnen. Sie baten Ian Lee, die Bänder zusammenzuschneiden, damit sie nur noch eine Kassette hatten. Dann berieten sie sich wieder mit Shelley und Sarah. Immer wieder kamen sie auf die beiden Mels – Melanie Brown und Melanie Chisholm – zurück. Obwohl sie grundverschieden waren, was ihr Äußeres und ihre Fähigkeiten betraf, waren beide starke Persönlichkeiten, und die Tatsache, daß sie aus dem Norden stammten, konnte der Gruppe nur guttun.

Melanie Jayne Chisholm kam aus Liverpool. Sie wurde am 12. Januar 1976 geboren und wuchs in einem adretten Reihenhaus auf. Ihr Vater Alan war Manager in einem Reisebüro, und ihre Mutter Joan arbeitet als Sekretärin für einen Beamten. Mel war ein Einzelkind, aufgeweckt und lebhaft. Aber ihre Kindheit war überschattet von den großen Eheproblemen ihrer Eltern. Alan und Joan hatten Schwierigkeiten, und so sehr sie auch versuchten, ihre Differenzen zu bereinigen, mußten sie sich doch damit abfinden, daß ihre Ehe gescheitert war. Als Mel sieben Jahre alt war, trennte sich das Paar. Mel fiel es schwer, die neue Situation zu verstehen und zu akzeptieren. Später sagt sie schlicht: »Ich glaube, ich war zu traurig, um darüber zu reden, und ein bißchen durcheinander.«

Mel blieb bei ihrer Mutter und übersiedelte mit ihr nach Widnes, Chehire. Joans Freund, der Taxifahrer Den O'Neil, zog zu ihnen, und ein paar Jahre später kam Mels Halbbruder Paul auf die Welt. Die zerrüttete Familie bereitete Mel im Laufe der Jahre sicherlich Probleme, aber sie blieb trotz der Entfernung immer mit ihrem Vater in Kontakt.

Mel lebte sich in Widnes ein und besuchte die örtliche Schule Fairfield County High. Schon früher hatte sie Interesse an Tanz und Theater gezeigt, und in Fairfield wirkte sie bei Schulaufführungen mit und entwickelte eine kräftige Singstimme. Das Gesangstalent und den Spaß am Theater hat sie zweifellos von ihrer Mutter geerbt, die Leadsängerin einer Cabaretgruppe namens T-Junction war. Die Gruppe spielte hauptsächlich Coverversionen in Gesellschaftsclubs in der unmittelbaren Umgebung und in anderen kleinen Orten im Norden. Joan war bekannt für ihre ausdrucksvolle Stimme und besonders für ihre zotigen Tina Turner-Nummern, und T-Junction gelangte zu bescheidenem Ruhm in den Clubs. Jahre später redete man dank der Berühmtheit, die Mel mit den Spice Girls erlangte, noch mehr von T-Junction. Joan wurde ein Star, und ihre Gruppe war ständig gebucht.

Vielleicht setzte Mel später alles daran, ein Popstar zu werden, weil sie ihrer Mutter oft bei ihren Auftritten in den Clubs zugesehen hatte, aber als Teenager träumte sie hauptsächlich vom Theater und vom Tanzen. Obwohl sie bei den Spice Girls das Image pflegt, ein fußballverrückter Wildfang zu sein, war sie als Teenie ganz anders. Sie war gut in der Schule und, ganz im Gegen-

Mel C

© Nick Tansley

satz zu ihrem Image, ein anständiges, properes Mädchen, das Ballettstunden nahm und bei den Jungs sehr beliebt war.

Mark Deany, ein Freund aus Fairfield, erinnert sich: »Sie war immer ein Girlie – hatte viel mehr Spaß am Ballett und gar keinen an Fußball. Mel war beliebt – alle Jungs mochten sie –, aber sie war nie sexy oder so unverschämt wie die Spice Girls. Sie war immer sehr still und spielte das brave Mädchen. Wir alle können es kaum fassen, daß sie als Spice Girl endete.«

Mel lebte ihre Liebe zum Theater und Gesang aus und spielte eine der alten Krähen in einer Inszenierung von *Wiz,* einem modernen Musical, das auf dem Film *Der Zauberer von Oz* basiert. Eine ihrer besten Vorstellungen in der Schule gab sie in *Blood Brothers*, und während der Proben verliebte sie sich in ihren Partner Ian McKnight. Sie gingen ein paar Monate miteinander, aber dann machte Ian Schluß. Mel war verzweifelt und rächte sich, indem sie etwas mit Ians Bruder anfing. Keith war ein Jahr jünger als sie, und die Beziehung endete genauso abrupt wie die zu Ian.

Mel überwand das Durcheinander mit den McKnight-Brüdern schnell, und als sie fünfzehn war, traf sie sich öfter mit Ryan Wilson, einem Jungen aus ihrer Klasse. Ryan war stolz, Mel zur Freundin zu haben, weil sie, wie er es ausdrückt, »von einem ganz anderen Schlag, eine echte Lady« war und viele andere Jungs sie toll fanden. Die Freundschaft entwickelte sich zu Mels erster ernsthafter Beziehung, und nach sechs Monaten schliefen sie zum erstenmal miteinander. Mel erinnert sich: »Ich habe meine Jungfräulichkeit verloren, als ich sechzehn war, und es war unglaublich romantisch. Meine Eltern waren nicht zu Hause, und wir konnten die ganze Nacht zusammen verbringen. Es war wunderbar.«

Mel und Ryan blieben fast zwei Jahre zusammen, aber die Beziehung ging in die Brücke, als Mel von Widnes wegging, um eine Schauspielschule zu besuchen. Sie träumte davon, ein Bühnenstar zu werden, und machte Aufnahmeprüfungen für viele Schulen. Als sie von der renommierten Doreen Bird Dance School angenommen wurde, war sie begeistert. Sie hatte bei der Aufnahmeprüfung einen Teil ihrer Rolle aus *Blood Brothers* gezeigt, und die Beurteilung bekam sie Jahre später zu lesen: »Mel hat Ausstrahlung. Sie ist kraftvoll und beweglich. Das Stück, das sie gezeigt hat, war sehr ansprechend. Sie ist intelligent und hat ein gutes Potential. Ihre Aussichten dürften gut sein.«

Die Doreen Bird School befindet sich in Sidcup, Kent, etwa hundert Meilen südlich von Widnes. Die Entfernung war so groß, daß Mel die Freundschaft mit Ryan nicht aufrechterhalten konnte, aber dieses Opfer brachte sie gern. Sie zog nach Kent und erwies sich schon nach kurzer Zeit als fleißige und ehrgeizige Schülerin. Sie wollte unbedingt die Beste sein, ihr eigentliches Ziel war, ein Rolle im Musical *Cats* im West End zu bekommen. Außerdem erzählte sie ihren Lehrern von einem anderen Traum: Sie wollte eine Platte machen.

Pat Izen, der Musikdirektor der Schule, sagt: »Melanie hatte keine besonders gute Stimme, als sie zu uns kam – sie war draufgängerisch und eine echte Individualistin, und wenn sie sich etwas in den Kopf gesetzt hatte, dann blieb sie dabei.«

Mel arbeitete hart in der Doreen Bird School und bestand die Abschlußprüfungen, aber wie bei Victoria reichte das nicht aus, um den Traum, ein Star im West End zu werden, zu verwirklichen. Mel nahm viele Vorsprechtermine wahr und war gut genug, daß man sie des öfteren zu einem zweiten bestellte. Einmal war sie sogar unter den wenigen, die für eine gute Rolle in *Cats* in Frage kamen, aber dann wurde sie doch ausgemustert. Es war eine bittere Enttäuschung, ihre Entschlossenheit, die sie schon in der Schule gezeigt hatte, half ihr, damit fertig zu werden und nicht aufzugeben. Mel meldete sich arbeitslos und zog mit einigen Freundinnen in eine kärgliche Wohnung in Sidcup. Dort genoß sie eine Art Studentenleben mit wilden Parties und Nachtclubbesuchen, während sie alle Jobs annahm, die ihren Fähigkeiten entsprachen. Allmählich verblaßte der Traum von einer Starrolle, und sie konzentrierte sich auf ihr anderes Ziel: auf die Produktion einer Platte. Sie hörte, daß Mädchen für eine Popgruppe gesucht wurden.

Melanie Janine Browns Weg bis zu den Dance Works Studios war ähnlich, aber ein wenig abwechslungsreicher. Sie kam am 28. Mai 1975 auf die Welt. Ihre Eltern, Martin und Andrea Brown, hatten mit einigen Rassenproblemen zu kämpfen, da Martin von der kleinen karibischen Insel Nevis stammte, auf der Mels Großmutter und einige andere Verwandte nach wie vor leben. Martin war Nachtschichtarbeiter in einer Maschinenfabrik und verdiente sich extra Geld mit Überstunden, um seiner Familie ein behagliches Zuhause bieten zu können. Sie bewohnten ein bescheidenes Reihenhaus in Leeds. Dies war eine ganz andere Welt als Victorias Landhaus mit Pool, und Mels Vater fuhr mit einem alten Rennrad zur Arbeit, nicht mit einem Rolls Royce. Das Geld war oft knapp bei den Browns, aber Mel und ihre um fünf Jahre jüngere Schwester Danielle hatten eine glückliche Kindheit.

Wie die anderen Mädchen fühlte sich auch Mel früh zur Bühne hingezogen und war immer eifrig darauf bedacht, die Aufmerksamkeit auf sich zu ziehen. Sie wirkte

Mel B

© Nick Tansley

bei Schulaufführungen mit, nahm Ballettstunden und schien ihren Altersgenossinnen immer voraus zu sein, besonders beim Tanzen. Sie hatte Gefühl für Rhythmus und ein für ihr Alter erstaunliches Selbstbewußtsein. Sie war erst elf, als sie sich einer Tanzgruppe anschloß, die aus älteren Jugendlichen und Erwachsenen bestand, aber Mel schüchterte das nicht im mindesten ein. Sie vertraute zu sehr auf ihr Können, um sich wegen der anderen Gedanken zu machen.

Der Tanzunterricht verhalf ihr zu Fortschritten und machte ihr klar, daß sie später einmal Karriere mit Musik und Tanz machen wollte. Ihre Eltern unterstützten sie voll und ganz, und als Mel dreizehn wurde, kam sie in die Intake High School – die einzige Schule in der Gegend, die anständige Theater-, Musik- und Tanzkurse anbot. Der Fachleiter der künstlerischen Kurse war David Robbins, der auch Mels Tanzgruppe musikalisch begleitete. Er hatte sich bereits von ihrem Talent und Engagement überzeugen können, und das Bewerbungsgespräch in Intake war nicht sehr viel mehr als eine Formalität.

Mel beteiligte sich an vielen Produktionen in der Schule, unter anderem spielte sie in *Jesus Christ Superstar* mit. Sie hatte keine der großen Rollen, dafür durfte sie wegen ihrer kräftigen, tiefen Stimme Gospelsongs singen. Während ihres dreijährigen Aufenthalts in Intake konnte sich Mr. Robbins von ihrer Charakterstärke überzeugen, die ihr letztendlich den Platz bei den Spice Girls sicherte. Schon damals machte sie sich lautstark bemerkbar, sagte immer, was sie dachte, und gab in einem Streitgespräch niemals klein bei. Zudem hatte sie Ehrgeiz.

Mr. Robbins erzählt: »Sie war sehr selbstbewußt, extrem ehrgeizig und hatte keine Bedenken, ihre Meinung offen zu sagen. Sie versuchte immer, das letzte Wort zu behalten. Aber gerade diese Eigenschaften haben sie dorthin gebracht, wo sie jetzt ist. Schon damals war ich sicher, daß einmal etwas Großes aus diesem Mädchen werden würde. Und Mel wußte das auch. Sie sagte immer, daß sie berühmt, ein Star sein wollte. Man sieht den Kindern an, wenn sie sich verzweifelt den Erfolg wünschen, und Mel war eines dieser wildentschlossenen Kinder. Manche Leute stellen sich auf die Bühne, wenn sie müssen, aber Mel liebte es, sich darzustellen und ein Publikum zu haben.«

Mr. Robbins brachte Mel im Musikkurs auch bei, Popsongs selbst zu schreiben. Er gab die Basismelodie und die Struktur des Songs vor, und Mel vervollständigte die Songs als Teil ihrer Abschlußprüfungen, die sie alle bestand. Mel lernte auch am Schlagzeug; die Drums waren das Instrument, das ihrem Charakter entsprach – laut, ausdrucksstark und voller Energie. Sie liebte das Schlagzeug so sehr, daß sie ihre Familie in den Wahnsinn trieb, weil sie ständig zu Hause übte. Sie konnte sich kein eigenes Schlagzeug leisten, aber sie kaufte sich Sticks und improvisierte, indem sie auf alle verfügbaren Gegenstände im Haus einhämmerte.

Mel war immer schon eigensinnig gewesen und wußte, was sie wollte. Zudem war sie bei allem, was sie tat, begeistert bei der Sache und ständig bemüht, anders als die anderen zu sein. Das zeigte sich auch in der Art, wie sie sich kleidete. Als Teenager trug sie helle Farben und achtete auf die neuesten Trends. Sie peppte sogar ihre Schuluniform ein wenig auf, um sie modischer aussehen zu lassen.

Die unterschiedliche Herkunft ihrer Eltern vermittelte ihr offene und tolerantere Ansichten. Als Kind glaubte sie, sie hätte den Nachnamen Brown wegen ihrer dunkleren Hautfarbe. Sie mußte Spott und rassistische Bemerkungen über sich ergehen lassen, aber sie wurde dazu erzogen, das Rassenproblem von beiden Seiten zu betrachten, und dank der Erziehung ihrer Eltern maß sie der Hautfarbe keinerlei Bedeutung bei.

Mel erzählte dem Magazin *Pride*: »Ich sehe mich selbst nicht als Schwarze. Ich sehe mich auch nicht als Weiße. Ich bin gemischt, durch und durch gemischt – das heißt, ich habe das Beste von beidem abbekommen. Wenn ich jemanden kennenlerne, denke ich nicht an meine Hautfarbe – ich bin einfach ich. Ich halte das nicht einmal für ein Thema, über das man wirklich reden muß, obwohl es unglücklicherweise immer noch Vorurteile und Rassismus gibt. Ich habe nicht das Gefühl, daß ich mich auf die Seite der Schwarzen oder auf die Seite der Weißen schlagen oder irgend etwas anderes tun müßte, als ich selbst zu sein. Ich hatte eine Menge gemischtrassige Freundinnen, die mit mir zusammen in die Schule gingen, und ich hatte auch viele schwarze Freunde. Das war okay. Wann immer es Probleme gab, konnte ich einerseits zu meinem Dad und andererseits zu meiner Mum gehen.«

Nach dem Abschluß in der Intake High School schrieb sich Mel für einen zwei Jahre dauernden Kurs im Leeds College of Music ein, wo sie zu einer perfekten Schlagzeugerin wurde, und studierte in der Northern School of Contemporary Dance. Mel war eine echte Partylöwin. Sie liebte die Scene in Leeds und zog von einem Nachtclub zum anderen, um stundenlang bis spät in die Nacht zu tanzen. Eine Zeitlang besserte sie ihr Taschengeld als Bikinitänzerin im *Yel Club* für drei Pfund die Stunde auf. Sie sah sehr gut aus und wurde mit siebzehn Jahren bei einem Schönheitswettbewerb Miss Leeds Weekly News. Der erste Preis war ein Renault Clio, den sie ein Jahr benutzen durfte – aber sie hatte damals noch keinen Führerschein – und ein Wochenende in Paris für zwei Personen plus Model-Kurs. Keine schlechte Ausbeute, wenn man bedenkt, daß es ihr erster Wettbewerb dieser Art war.

An einem Abend in der Stadt traf sie ihren ersten richtigen Freund – Steve Mulrain, der Nachwuchsfußballer bei Leeds United und noch in der Ausbildung war. Er war in dem Moment hinter Mel her, in dem er sie zum erstenmal im Gallery Nightclub sah. An diesem ersten Abend lernten sie sich nur flüchtig kennen, aber Mel ging Steve nicht mehr aus dem Kopf, deshalb schaute er in den nächsten Wochen immer wieder in den Club und hoffte, sie wiederzusehen. Nach zwei Monaten hatte er Glück und verschwendete keine Zeit mehr; er fragte sie, ob sie mit ihm ausgehen wolle. Sie wurden sofort ein Paar. Abgesehen von der physischen Anziehungskraft hatten sie eines gemeinsam: Sie beide hatten den Ehrgeiz, in ihrer Branche eine große Karriere zu machen. Es war der Beginn einer leidenschaftlichen Beziehung. Sie verbrachten die meisten Nächte zusammen, aber dann bekam Mel einen Job angeboten: Sie sollte in den Sommermonaten als Tänzerin in Blackpool auftreten. Steve vermißte sie so sehr, daß er jedes Wochenende zu ihr fuhr und in dem Haus übernachtete, das sie mit anderen Tänzerinnen teilte.

Mel machte Schluß mit Steve, als sie in der Starlight Express Schule fürs Roller-Skating-Trainingsprogramm aufgenommen wurde. Während ihrer Zeit in London nahm sie einige Castingtermine wahr – ohne Erfolg –, und allmählich wurde ihr klar, wie schwer es war, sich als Tänzerin über Wasser zu halten. Sie war vollkommen desillusioniert, aber dann machte ihre Mutter den Vorschlag, daß sie es als Sängerin versuchen sollte. Mel gefiel die Idee, und sie nahm Gesangsunterricht. Bei den

Castings in London lief sie Melanie Chisholm des öfteren über den Weg, und die beiden wurden gute Freundinnen. Die Mädchen waren sich in vielem sehr ähnlich, und sie redeten oft von ihrem Kindertraum, ein Musicalstar zu werden, der bis jetzt nur zu Enttäuschungen und Frust geführt hatte. Die beiden Mels waren auf verschiedenen Wegen vom Norden nach London gekommen, aber sie hatten dasselbe Ziel, und bald verwirklichten sie einen gemeinsamen Traum.

Chris und Bob Herbert brauchten beinahe sechs Wochen, bis sie die Videobänder ausgewertet hatten. Sie diskutierten über die Vorzüge und Schwächen der Mädchen und überlegten, welche Charaktere in einer Gruppe zusammenpassen würden. Sie kamen quälend langsam voran, aber schließlich zogen sie neun Mädchen in die engere Wahl. Unter ihnen waren die beiden Mels und Victoria, vier andere Mädchen aus dem Norden und eines aus Cardiff, Wales. Die neunte Kandidatin war Michelle Stephenson, eine Collegestudentin und begabte Künstlerin aus Abingdon, Oxfordshire. Alle wurden am 17. Mai zu einem zweiten und letzten Casting im NOMIS eingeladen, einem bekannten Studiokomplex mit Probenräumen in West London.

Kurz vor diesem zweiten Termin klingelte das Telefon im Büro der Herberts. Ein Mädchen erklärte Bob, daß es leider verhindert gewesen sei, an dem offiziellen Casting teilzunehmen, aber unbedingt zu der Gruppe wolle. Bob erteilte ihr mit Bedauern eine Absage und machte ihr klar, daß das Auswahlverfahren bereits abgeschlossen war. Doch das Mädchen blieb hartnäckig und bestand darauf, ihm ihre Unterlagen samt Lebenslauf zuzuschicken. Ein, zwei Tage später kamen die Papiere mit einem Model-Foto in knappen Dessous an. Die Bewerberin sah sehr gut aus, aber der Lebenslauf machte deutlich, daß sie so gut wie keine Bühnenerfahrung hatte. Es bestand also kein Grund, daß die Herberts sie sich genauer ansahen.

Sie hinterließ etliche Nachrichten bei der Sekretärin, ehe sie schließlich doch noch einmal zu Bob durchgestellt wurde. Sie fand sich schlicht und ergreifend nicht mit der Absage ab. »Sie müssen mich sehen«, beharrte sie. »Ich bin perfekt für diese Gruppe. Ich bin genau das, was Sie brauchen.« Bob wollte nicht unhöflich sein, er wandte sich an seinen Sohn und sagte: »Es ist wieder dieses Mädchen, Chris. Vielleicht solltest du mal mit ihr reden.«

Chris legte ihr dar, wie weit sie mit der Auswahl der Kandidatinnen schon gekommen waren und daß es wirklich keinen Sinn hätte, wenn sie zu einem Vorsingen kommen würde. Sie hätten schon Dutzende sehr talentierter Mädchen ausgemustert, fuhr er fort, warum, um alles in der Welt sollten sie dann auf ein gänzlich unbeschriebenes Blatt zurückgreifen und sich mit einem Mädchen abgeben, das weder als Sängerin noch als Tänzerin ausgebildet war und keine Bühnenerfahrung hatte? Er war der Ansicht, daß jemand, der so scharf darauf war, in die Gruppe zu kommen, alles daran gesetzt hätte, das erste Vorsingen nicht zu versäumen. Aber als er hörte, wie enthusiastisch die Bittstellerin sich und ihre Fähigkeiten anpries, blieb ihm nichts anderes übrig, als ihre Unverfrorenheit zu bewundern. Ehe er selbst so richtig begriff, was er tat, notierte er sich ihren Namen und lud sie als zehntes Mädchen in die NOMIS-Studios ein.

Man konnte Chris nicht übel nehmen, daß er benommen und durcheinander war, als er den Hörer auflegte. Er hatte soeben die Überredungskünste von Geri Halliwell und echte Girl Power kennengelernt.

Nackter Ehrgeiz

Geris Story

Kein Mensch, der Geri Halliwell kannte, wäre überrascht über die Dreistigkeit gewesen, mit der sie den Herberts am Telefon zugesetzt hatte. Und niemand hätte sich gewundert, daß sie das geschafft hatte, was die meisten anderen Mädchen in derselben Lage für unmöglich gehalten hätten. Geri war immer schon schlagfertig und geschickt gewesen, wenn sie etwas erreichen wollte, was sie sich in den Kopf gesetzt hatte. Für sie existierte ein »Nein« als Antwort einfach nicht.

Später gestand Geri, daß sie bei dem ersten Casting wohl kaum Chancen gehabt hätte, weil ihre Talente minimal waren. Sie hatte weder Singen noch Tanzen gelernt. Ihre Stärken waren Charakterfestigkeit und Ehrgeiz – beides wäre vermutlich untergegangen, wenn sie sich in einem Pulk von geschmeidigen Tänzerinnen mit guten Stimmen hätte vorstellen müssen.

Wahrscheinlich lachte sich Geri ins Fäustchen, als sie Chris am Telefon herumgekriegt hatte. Sie wußte, daß ihre Chancen bei neun Konkurrentinnen ziemlich gut standen. Eine solche Gruppe war überschaubar, und sie war in der Lage Eindruck zu schinden, wenn sie ihre Persönlichkeit herausstrich.

Ironischerweise sollte die energische Zielstrebigkeit, die Geri mühelos in die zweite Runde gebracht hatte, der Schlüssel zum Erfolg für die Spice Girls werden.

Es ist kein Wunder, daß Geri so eine entschlossene junge Frau war. Ihre Eltern waren beide willensstarke Persönlichkeiten. Ihr Vater, Lawrence Halliwell, wurde in Liverpool geboren und zog als Junge mit seiner Familie nach London. Er war ein gewitzter Geschäftemacher, der immer auf Achse war und jede Chance witterte. Nachdem er im Krieg bei der Luftwaffe gedient hatte, wurde er Autoverkäufer. Seine erste Ehe endete mit einer Scheidung, und mit vierundvierzig Jahren verliebte er sich in das achtzehnjährige spanische Au-Pair-Mädchen Anna Hidalgo. Anna hatte ihre Familie in Nordspanien verlassen, um in England auf Abenteuersuche zu gehen. In den sechziger Jahren war es nicht üblich, daß ein junges Mädchen aus Spanien mit den Traditionen brach, aber Anna war wie Lawrence ein Freigeist und wollte etwas erleben.

Anna und Lawrence heirateten, bekamen einen Sohn, Max, und zwei Jahre später eine Tochter, Natalie. Am 6. August 1972, kurz vor Lawrence‘ fünfzigstem Geburtstag, wurde ihr drittes und letztes Kind Geraldine Estelle geboren.

Geris frühe Jahre verliefen ziemlich ereignislos. Sie war ein ganz normales, fröhliches, liebes Kind und wuchs in Watford, Hertfordshire, auf. Sie verstand sich gut mit ihren Geschwistern, war eine fleißige Schülerin in der Grundschule und kam später in die Grammar School für Mädchen. Anders als die beiden Mels und Victoria hatte Geri nicht von Kindesbeinen an den brennenden Wunsch, zu singen und zu tanzen. Sie kam schon früh mit Musik in Berührung und hörte große Sängerinnen, da ihr Vater begeistert die Hits von den Supremes und den Three Degrees hörte. Sie brachte ihn zum Lachen, indem sie die großen Künstlerinnen parodierte, aber sie war nie in einer Ballettschule oder einem Stepkurs.

Die Halliwells hatten eine große Verwandtschaft in Spanien, und die Kinder verbrachten oft die Ferien in der Heimatstadt ihrer Mutter, im am Fuß der Pyrenäen gelegenen Huesca. Sie wohnten bei ihrer Tante Maria, und Geri hatte Spaß daran, sich mit der spanischen Kultur vertraut zu machen und die Sprache zu lernen. Als Achtjährige zog sie die traditionellen spanischen Kleider an, band ihr Haar zurück und trug lange Ohrringe. In diesem Outfit sah sie aus wie ein Püppchen, und sie wurde von ihren spanischen Verwandten verwöhnt. Sie war immer viel zu klein für ihr Alter, deshalb bekam sie den Spitznamen *La Enana*, was soviel heißt wie Zwerg.

In den Ferien durfte Geri bei den Fiestas lange aufbleiben, und sie liebte es, zusammen mit den Erwachsenen zu singen und zu tanzen. Aber sie haßte die Stierkämpfe, und wann immer sie zu einer Corrida mitgenommen wurde, brach sie in Tränen aus und wünschte, sie könnte den Stier mit nach Hause nehmen und sich um ihn kümmern. Doch Geri zeigte trotz ihrer Weichherzigkeit, wenn es um Tiere ging, schon als Kind hin und wieder ihre robuste, entschlossene Seite.

Ihre Tante Maria sagt: »Geri ist wie ich – eine Rebellin, die eine starke Hand braucht. Sie hat ein feuriges Temperament. Wir sind beide aufbrausend und impulsiv, und wir stritten miteinander, seit sie groß genug war, um auf meinem Schoß sitzen zu können. Sie ist wie eine Ananas – weich und süß im Inneren, aber mit einer harten, zähen Schale.

Als sie älter wurde, waren alle Jungs hinter ihr her, weil sie blond und anders als die anderen Mädchen war, aber ich habe aufgepaßt, daß sie nicht in Schwierigkeiten kommt. Damit habe ich mich nicht gerade beliebt bei Geri gemacht. Sie beschimpfte mich und ich sie.«

Die einst so glückliche Halliwell-Familie geriet in Aufruhr, als die Ehe von Lawrence und Anna Risse bekam. Der große Altersunterschied wurde schließlich zu einem Problem. Geri war zehn Jahre alt, als die Schwierigkeiten begannen, und es war eine traumatische Zeit für sie und ihre Geschwister. Um den Kindern weitere seelische Erschütterungen zu ersparen, schickten die Eltern sie zu Freunden, während sie die Trennung vorbereiteten und durchführten. Nach einer Weile kamen die Kinder zurück und lebten bei ihrer Mutter, während Lawrence in eine Wohnung zog, die nur zwei Meilen entfernt war. Nach der Trennung mußte Anna arbeiten, um die Familie zu ernähren, und diese Erfahrung machte Geri zu einem sehr selbständigen jungen Mädchen. Obwohl sie die Jüngste war, kümmerte sie sich ganz allein um alles, was mit der Schule in Zusammenhang stand, und war sich oft selbst überlassen, wenn ihre Mutter Überstunden machen mußte.

Obwohl ihr Vater nicht mehr ständig präsent war, kam Geri ihm nach der Trennung der Eltern näher. Lawrence war inzwischen über sechzig und trat in geschäftlichen Angelegenheiten kürzer, um sein Leben genießen zu können. Geri ging oft nach der Schule zu ihm, und an den Wochenenden frönten sie ihrem gemeinsamen Hobby – sie klapperten die Flohmärkte auf der Suche nach Schnäppchen ab. Lawrence erkannte viel von sich selbst in Geri, und bei den gemeinsamen Unternehmungen entstand ein starkes Band zwischen Vater und Tochter. Ihre Energie und ihr Draufgängertum imponierten ihm, und er freute sich über ihre Abenteuerlust.

In dieser Zeit prägte Lawrence Geris Einstellung zum Leben, die sie auch später beibehalten sollte. Eines Tages, als Geri elf oder zwölf war, kam sie vollkommen verstört zu ihm, weil andere Mädchen sie nach einer

Schulaufführung gehänselt hatten. Lawrence haßte es, seine kleine Tochter am Boden zerstört zu sehen, und er machte ihr klar, daß sie alles im Leben erreichen konnte, wenn sie es sich nur stark genug wünschte. Alles, was sie brauchte, war ein starker Glaube an sich selbst und die Entschlossenheit, niemandem zu erlauben, Zweifel an diesem Glauben aufkommen zu lassen. Lawrence selbst hatte sich sein Leben lang an diesen Grundsatz gehalten und war immer unabhängig gewesen. Er hatte sich nie darum gekümmert, was andere dachten. Geri hatte die Lebensfreude von ihm geerbt, deshalb ermutigte er sie, ihre Träume zu verwirklichen und die Skeptiker zu ignorieren. Als Teenager konnte sich Geri immer an ihren Vater wenden – er war für sie da, und seinem Einfluß verdankte sie, daß sie das Selbstbewußtsein und die Entschlossenheit entwickeln konnte, die sie brauchte, um Erfolg zu haben.

Lawrence half Geri, ihre emotionalen Ängste zu überwinden, aber gegen ihre physischen Unsicherheiten, die mit den Jahren gravierender wurden, konnte er nicht viel ausrichten. Ihre Freundinnen waren alle viel weiter entwickelt als sie, und während sie stolz ihre Kurven zeigten, schämte sich Geri, weil sie flachbrüstig und klein war und viel jünger aussah, als sie war. Das führte zu Spötteleien und peinlichen Situationen mit den Jungs.

Geri erinnert sich: »Mit zwölf sah ich aus wie sechs. Ich weiß noch, daß ich mit einem Jungen ganz eng tanzte, und er legte die Hand auf meine Brust, aber da war nichts. Ich schämte mich furchtbar, weil ich nicht einmal einen BH trug.«

Als sie mit Freunden ins Kino ging, um sich Madonnas neuen Film *Desperately Seeking Susan* anzuschauen, hatte Geri als einzige Schwierigkeiten, eingelassen zu werden. Sie war zwölf, hatte sich eine dicke Make-up-Schicht ins Gesicht geschmiert und ihren BH ausgepolstert, aber trotzdem wurde sie nach ihrem Alter gefragt. Es war furchtbar für Geri, aber die Frau am Schalter ließ sie dann doch hinein – wahrscheinlich aus Mitleid. Die höhnischen Bemerkungen über ihre geringe Körpergröße zwangen Geri zu schlagfertigen Antworten, und sie lernte rasch, wie sie die schlimmsten Lästermäuler mundtot machen konnte.

Mit sechzehn war Geri endlich voll entwickelt und stellte die anderen Mädchen in den Schatten. Mit ihrer Figur veränderte sich auch ihr Charakter. Sie wurde selbstbewußter, entwickelte einen ungeheuren Lebenshunger und stürzte sich ins Nachtleben von London. Sie liebte die ungezügelte Atmosphäre in den Nachtclubs, und ihre Besuche dort eröffneten ihr eine neue Welt.

Geri verließ die Schule und belegte einen Reise- und Touristikkurs im College. Ihr gefiel die Freiheit des Collegelebens, weil es ihr die Möglichkeit bot, in den Londoner Clubs herumzuschwirren und zu Raves zu gehen, aber mit dem Studium an sich hatte sie nicht viel im Sinn. Die langweilige Theorie interessierte sie kein bißchen – sie wollte nichts über den Tourismus lernen, sondern selbst auf Reisen gehen. Sie hatte noch immer keine Ahnung, was sie einmal werden wollte, aber eines war ihr klar: Sie wollte einen aufregenden Job, nicht in einem Büro hocken und in einer Vorstadt dahinvegetieren. Doch ihr fehlte die Richtung. Sobald sie wußte, wohin sie steuern sollte, würde sie alles erreichen, das wußte sie genau.

Geri tanzte leidenschaftlich gern, und eines Abends wurde ein Talentsucher im Nachtclub Astoria in Londons Tottenham Court Road auf sie aufmerksam. Er erzählte ihr vom BCM Nightclub auf Mallorca, der verzweifelt nach sexy Tänzerinnen, wie sie eine war, suchte. Die Idee reizte Geri, und nach dem Collegeabschluß machte sie sich auf den Weg nach Mallorca in das Städtchen Magaluf, in dem ein reges Nachtleben mit vielen Bars und Discos herrscht.

Das BCM ist einer von Magalufs beliebtesten Clubs. Um die Atmosphäre aufzuheizen, werden spärlich bekleidete Mädchen dafür bezahlt, auf einem Podium oder in Käfigen, die drei Meter über der riesigen Tanzfläche hängen, zu tanzen. Geri wandte sich an Tony Palmer, den Manager der Bar. Er war nicht gerade begeistert von ihrer Figur und ihrem Aussehen. Sie war keine der langbeinigen Blondinen, die meistens den Vorzug bekamen, aber sie beeindruckte Tony mit ihrem dreisten Selbstbewußtsein, und er bot ihr eine einwöchige Probezeit an.

Tony erinnert sich: »Sie versicherte, daß ich nicht enttäuscht sein würde, und das war ich auch nicht. Nach dem ersten Abend wurde mir klar, daß ihr kesser Stil die Massen anlockt. An einem Tag war sie von Kopf bis Fuß in Leder gekleidet, an einem anderen trug sie eine bombastische rote Perücke. Sie war wild und kokett.«

Geri gehörte bald zu den beliebtesten Mädchen im Club und tanzte jeden Abend mehrere Stunden non-stop – sie war die mageren drei Pfund, die sie in der Stunde verdiente, wert. Es machte ihr Spaß, sich verrückte Kostüme anzuziehen und mit den Männern in der Menge zu flirten. An manchen Abenden trug sie nur ein G-string und Troddeln auf den Brüsten, dann wieder erschien sie ganz in Schwarz mit Netzstrümpfen, Strapsen und Lederstiefeln. Am Anfang tanzte sie auf dem Podium, aber es dauerte nicht lange, bis man sie in einen der Käfige ließ, die für die erotischeren Tänzerinnen, die mehr Geld verdienten, reserviert waren. Geri weidete sich an der

Macht, die sie über die jungen Männer hatte. Sie wurden auf Distanz gehalten, und Geri konnte flirten, ohne Gefahr zu laufen, von jedem angegrabscht zu werden. Aber alles in allem war das nur ein Job für sie, obwohl sie sich im sonnigen Mallorca wohl fühlte.

Auch wenn sie sich von den sexhungrigen Touristen fernhielt, konnte sie es sich nicht verkneifen, sich mit den Leuten zu amüsieren, die im BCM angestellt waren. Einer der Jungs, die sie mochte, war der DJ Ricardo Terradillos, der später in einem Zeitungsinterview behauptete, Geris erster Liebhaber gewesen zu sein.

Er sagte: »Ich wurde sehr schnell auf sie aufmerksam. Ich wollte mit ihr zusammensein, weil sie ziemlich heiß war und mit allen Männern flirtete. Als wir uns schon ein bißchen kannten, kam sie zu mir rüber und sagte, daß ich sexy wäre und sie meinen Hintern anfassen wollte. Sie brachte es fertig, daß man sich richtig gut fühlte. Es dauerte ungefähr einen Monat, bis wir Sex hatten, aber es war das Warten wert. Als DJ hatte ich viele Mädchen, doch Geri war etwas ganz Besonderes, und diese erste Nacht war denkwürdig. Für mich war Geri eine Göttin, und das wird sie immer sein.«

Geri kostete die Ferienatmosphäre in Magaluf und ihre Beziehung zu Ricardo in vollen Zügen aus. Sie ging mit den anderen britischen Angestellten aus, aber auch wenn sie jede Nacht auf Achse war, hielt sie sich doch zurück. Sie war aus einem anderen Holz geschnitzt und dachte unaufhörlich über ihre Zukunft nach. Wenn das BCM-Personal zusammensaß, erklärte Geri den anderen immer wieder, daß sie eines Tages berühmt sein würde. Der Spruch wurde bald zu einer Art Scherz, und die übliche Reaktion war: »Klar, Geri, in deinen Träumen!« Sie betrachteten sie als eine der ihren, als Clubtänzerin ohne besonderes Talent, und glaubten, daß sie sich zuviel einbildete. Die anderen Mädchen machten sich über sie lustig, aber Geri störte sich nicht an ihrem spöttischen Gelächter – sie war felsenfest davon überzeugt, daß sie es schaffen würde.

Ein Mädchen, das Geri in Magaluf kennengelernt hatte, sagt: »Sie arbeitete hart beim Tanzen, und man merkte, daß der Club nur ein Trittbrett für sie war. Ihr war vollkommen klar, daß sie ein Star werden würde. Wir fanden das damals ehrlich komisch, weil sie ständig davon redete, daß sie eines Tages berühmt sein würde, aber jetzt wissen wir, daß sie zuletzt lacht.«

Trotz Geris innerer Überzeugung, daß sie zu Höherem bestimmt war, hatte sie nach wie vor keine Ahnung, womit sie den Weg nach oben schaffen sollte. Sie konnte nichts anderes als tanzen, und das reichte nicht, um zu Ruhm zu gelangen. Doch dann hörte sie von Sebastian Amengual, einem spanischen Fotografen, der sich im Club nach einem Mädchen umsah, das für das Titelblatt eines Magazins posieren könnte. Model werden – das war ein Job, für den sie geeignet war, dachte Geri.

Der Tiefschlag erfolgte beinahe sofort, weil sich Sebastian für Kelly Smith, eine andere Tänzerin, mit der Geri befreundet war, entschied. Aber Geri ließ sich nicht entmutigen. Genaugenommen setzte die Zurückweisung all ihre Entschlossenheit frei, und sie wußte, wie sie das bekommen konnte, was sie wollte. Sie setzte ihren ganzen Charme ein und beschwatzte den Fotografen so lange, bis er sich bereit erklärte, auch von ihr Fotos zu machen. Einen Nachteil habe die Sache allerdings, erklärte er ihr, sie müsse nackt posieren. Das war kein Problem für Geri, im Gegenteil – es könnte Spaß machen.

Sebastian erinnert sich: »Als ich ihr sagte, daß ich sie nicht fotografieren könne, beschloß Geri, mich umzustimmen. Sie machte sich an mich heran, lächelte frech und sagte: ›Bitte, mach von mir auch ein paar Aufnahmen.‹

Sie war zu klein. Ich brauchte ein großes, schlankes Model, aber sie ließ einfach nicht locker. Sie war ehrlich hartnäckig. Sie erzählte mir, daß sie berühmt werden wollte und alles mitmachen würde, was sie einen Schritt weiter bringt. Sie flehte mich an, sie zu fotografieren und hörte nicht auf, bis ich mich geschlagen gab. Ich warnte sie noch einmal, daß sie oben ohne vor die Kamera müßte, doch sie meinte, das sei ihr egal.«

Sebastian brachte Geri in ein verlassenes Fabrikgebäude in der Nähe der Hauptstadt Palma, und dort ließ das zukünftige Spice Girl die erste von vielen Fotoserien, bei denen sie oben ohne oder ganz nackt war, von sich schießen. Sebastian war erstaunt, wie selbstbewußt und natürlich sie sich vor der Kamera benahm. Er sagt: »Mir stockte der Atem – sie sah phantastisch aus und hatte einen wunderbaren Körper. Ich habe nie zuvor einen solchen Körper gesehen. Ich hatte Mühe, mich unter Kontrolle zu halten. Sie war unglaublich sexy. Ich dachte nur: ›O Gott.‹ Ich bin daran gewöhnt, nackte Mädchen zu fotografieren, aber sie war etwas Besonderes.«

Bei der ersten Session stand sie nur in Netzstrümpfen und hochhackigen Schuhen und dann ganz nackt mit Schuhen vor der Kamera. Ihr langes braunes Haar hing ihr lockig über die Schultern, und bei zwei Aufnahmen hatte sie nichts am Leib außer einer Sonnenbrille und räkelte sie verführerisch auf einer Eisentreppe. Auf manchen Fotos hatte sie unheimliche Ähnlichkeit mit Madonna, die auch Jahre, bevor sie zu Ruhm gelangte, oben ohne posiert hatte. Wie bei Madonna machte man auch Geri später Vorwürfe wegen der freizügigen Fotos, aber sie bereute nichts. Sie sagt: »Ich habe mich nie als hübsch genug angesehen, um vor einer Kamera zu ste-

Geri

© Nick Tansley

hen, und ich kam mir damals keinen Augenblick ausgebeutet vor. Es war in Ordnung – ich habe es als das genommen, was es war.«

Geri machte in den nächsten Jahren mehr als zwanzig Fotoserien und posierte auch noch einige Male für Sebastian auf Mallorca. Bei einer späteren Session, als sie kurze und pechschwarz gefärbte Haare hatte, brachte er sie in eine einsame Bucht und fotografierte sie vor den schroffen Felsen. Beide wußten nicht, daß Soldaten mit Feldstechern alles beobachteten und sich bestens amüsierten. Als sie schließlich auf die Voyeure aufmerksam wurden, hätten sie ihre Sachen zusammenpacken und gehen können, aber Geri störten die Zuschauer nicht – je mehr Beachtung sie fand, um so besser.

Geris Ehrgeiz war so groß, daß sie nicht in dieselbe Falle tappte wie andere und sich mit dem Job im Ferienparadies zufriedengab. Sie blieb nur eine Saison in Mallorca und als sie nach Hause kam, war sie entschlossener denn je, bis ganz nach oben zu kommen. Sie war erst neunzehn, trotzdem fand sie, daß es höchste Zeit für sie wurde, und sie hatte es eilig, ihren Weg zu machen. Kurz nach der Rückkehr aus Mallorca begann sie mit einem harten Fitneßtraining, um ihren Körper in Topform zu bringen.

Mental war sie bereit, die Gipfel zu stürmen, aber sie wußte, daß auch ihre Figur perfekt sein mußte, wenn sie ihre Chancen wahrnehmen wollte. Die Konkurrenz da draußen war groß und unerbittlich, und sie meinte, ihre mangelnden Kenntnisse mit dem Besten, was sie hatte, wettmachen zu müssen. Sie stellte ihren eisernen Willen unter Beweis, als sie Ray McKenna als persönlichen Fitneßtrainer anheuerte. Er machte ein tägliches Workout mit ihr, das morgens um Viertel vor sieben mit einer Dreiviertelstunde Jogging begann und in Geris Mietwohnung mit Gymnastik und dem Training mit Gewichten weiterging.

Ray meint dazu: »Ich konnte nicht glauben, daß sie so entschlossen ist. Manchmal sagte sie: ›Ich werde berühmt und will einen perfekten Körper haben.‹ Ihre Figur war ohnehin schon ziemlich gut. Ihr Hintern war phantastisch, aber sie machte sich Sorgen wegen ihres Bauchs und den Oberarmen. Es war noch dunkel, wenn wir joggten, und meistens war es kalt und regnerisch, aber sie hat sich nie beklagt. Sie war engagierter als alle, die ich kenne. Sie hatte eine gute Kondition und eine erstaunliche Ausdauer. Nach dem Laufen hatte sie noch genügend Energie für ein volles Workout. Sie schaffte ohne Probleme hundert Situps. An Silvester machte sie die Nacht durch, und am Morgen um neun rief sie mich an, um eine Trainingseinheit zu machen.«

Geri hielt ihren Körper für ihren größten Aktivposten, deshalb nahm sie weiterhin Fototermine wahr, weil sie hoffte, so den Weg zum Erfolg pflastern zu können – oder zumindest einen Durchbruch zu erzielen, den sie so dringend brauchte. Sie arbeitete mit vielen verschiedenen Londoner Fotografen. Eine Session mit dem Fotografen John Smetherland fand in einem verlassenen Lagerhaus statt.

Smetherland erzählt: »Geri schien sich bestens zu fühlen, egal was ich von ihr verlangte. Ich erinnere mich so gut an die Session, weil sie eines der selbstbewußtesten Models war, dem ich je begegnet bin. Zum Schluß machte sie mir sogar Vorschläge, wie ich schöne Frauen fotografieren soll.«

Bei einem anderen Fototermin posierte Geri oben ohne mit einer strategisch plazierten Federboa, und ihre beginnende Karriere als Nacktmodel brachte gewisse Leute gegen sie auf. Ihrer Mutter gefiel diese Entwicklung gar nicht, und einige ihrer Freunde hielten ihr Verhalten für geschmacklos, aber Lawrence Halliwell stärkte seiner Tochter den Rücken. Er fand die Fotos großartig und war wie Geri der Ansicht, sie könnten ihr Türen öffnen.

Lawrence war Geris größte Unterstützung in dieser frustrierenden, manchmal ausweglosen Zeit. Er ging inzwischen auf die Siebzig zu, und mit seiner Gesundheit stand es nicht zum besten, doch er hatte immer die Zeit und die Kraft, seiner Tochter unerschütterlichen Beistand zu leisten. Die meisten Leute kicherten hinter vorgehaltener Hand, wenn Geri wieder von zukünftigem Ruhm und Erfolg redete, aber ihr Vater zweifelte keinen Augenblick daran. Er hörte ihr zu, wenn sie von ihren Träumen sprach, und stärkte ihr Selbstvertrauen, wann immer es zu schwinden drohte. Im Gegenzug brachte Geri Liebe und Abwechslung in sein Leben. Obwohl Geri anstrengend und fordernd war, machten ihm ihr Optimismus und ihr grenzenloser Enthusiasmus Freude. Lawrence liebte die Gesellschaft von Geri, und er verbrachte den größten Teil seines, wie sich tragischerweise herausstellen sollte, letzten Lebensjahres damit, ihr bei der Suche nach dem Erfolg zu helfen, von dem sie träumte.

Geri ging zu Castings für Tanzvorstellungen und Probeaufnahmen für Fernsehshows, und ihr Vater spielte den Chauffeur, um sicherzustellen, daß sie pünktlich zu den Terminen kam. Sie war noch relativ neu in diesem Geschäft, und es muß ein Schock für sie gewesen sein, sich mit all den Mädchen, die jahrelang in Schauspielschulen und Tanzstudios ausgebildet worden waren, messen zu müssen. Monatelang rannte sie von einem Vorsprechtermin zum nächsten. Einmal wurde sie bei einem Pink Floyd-Video eingesetzt und lernte einen jungen Mann namens David Apstein kennen, der auch ein paar Tage auf dem Set zu tun hatte. Sie verstanden sich gut und begannen einen kurzen Flirt. David, der ein paar Jahre jünger als Geri war, wurde Zeuge ihrer Entschlossenheit, Erfolg zu haben.

Später meinte er: »In der kurzen Zeit, in der ich mit Geri zusammen war, gingen mir die Augen auf, denn ich war damals noch ziemlich unerfahren. Es erschien mir wie eine flüchtige Ferienbekanntschaft – alles ging so schnell. Es gab keine Liebesbriefe, keine Blumen oder gemeinsame Abendessen, nur Sex. Ich wußte, daß sie irgendwann ganz groß rauskommen würde. Sie war ein Karrieremädchen durch und durch und dachte mehr an ihre Zukunft als an mich.«

Ihre Karriere war ihr so wichtig, daß sie offenbar kaum Zeit für eine dauerhafte Beziehung hatte. Sie gestand David, daß sie fast ein Jahr keinen Sex gehabt hätte, bevor sie ihn kennenlernte. Obwohl sie so attraktiv und sexy war, schien sie lieber zu flirten, als sich ernsthaft auf einen Jungen einzulassen. Zumindest war das so, als sie als Aerobictrainerin Geld verdiente, während sie auf den Durchbruch wartete.

Liam Fitzgerald, der Besitzer des Fitneß-Studios, in dem sie arbeitete, meint dazu: »Geri war die beste Reklame für mein Studio. Sie trug ein knappes Trikot mit weitausgeschnittenen Beinen über einem T-Shirt. Die Männer kamen herein, nur um ihr zuzusehen. Wenn sie auf und ab hüpfte, keuchten sie so, daß die Scheibe der Glaswand beschlug. Ich ließ die Trennscheibe irgendwann abmontieren, weil wir sie so oft putzen mußten. Alle waren scharf auf sie, aber sie war nicht auf den Mund gefallen und konnte sich die Männer vom Leib halten, ohne sie zu verprellen. Niemand wagte es, sie um ein Date zu bitten.«

Geri nahm alle möglichen Jobs zu dieser Zeit an. Sie bediente in Bars, putzte, verkaufte billige Imitationen von teuren Uhren. Sie tat alles, um sich über Wasser zu halten, doch die ganze Zeit kreisten ihre Gedanken nur um eines: Wie sie den Einstieg zu einer erfolgversprechenden Sparte schaffen konnte. Ihr kam die Idee, es mit Popmusik zu versuchen. Obwohl sie kein Instrument spielen konnte und nie gesungen hatte, reizte sie dieser Gedanke. Die Musikindustrie wurde überschwemmt mit Leuten, die über Nacht zum Star geworden waren, und es schien, als könnte man hier am schnellsten bis ganz nach oben kommen. War nicht Madonna das beste Beispiel dafür, was in dieser Branche alles möglich war? Geri gab dreihundert Pfund aus, um ein Demoband, auf dem sie Coverversionen sang, zusammenzustellen.

Doch noch ehe sie sich selbst ganz zum Popstar gestylt hatte, rief das Fernsehen. Die gute Nachricht war, daß Geri als glamouröses Girl die Preise für die Gameshow *The Price Is Right* (Der Preis ist heiß), die im britischen Fernsehen ein Hit war, präsentieren sollte; die schlechte Nachricht war, daß man sie für die türkische Version der Show vorgesehen hatte. Aber letztendlich war das kein großes Hindernis. Im Vergleich zu dem Herumgehopse in einem Käfig über einer Tanzfläche voller Touristen war dies ein phantastischer Job. Sie flog frohen Mutes nach Istanbul, wo die Shows aufgezeichnet wurden. Sie stürzte sich mit dem üblichen Überschwang in die Arbeit und zeigte in piekfeiner Abendkleidung die Preise. Ihrer Ansicht nach war es besser, Fernseherfahrung in der Türkei zu haben als gar keine zu Hause. Es war ein weiteres Sprungbrett, das sie in die richtige Richtung bringen würde.

Als sie wieder in England war, bemühte sie sich weiterhin, einen Fuß in die Tür zum Fernsehen zu stellen, verlor aber die Popmusik dabei nicht aus den Augen. Sie knüpfte einige wertvolle Kontakte und landete schließlich bei dem Kabelsender *L!ve TV*, der eine neue Show mit dem Titel *Fashion Police* ausstrahlte. Zum Auftakt der Show sah man Geri, die in Begleitung einer Filmcrew in einem Taxi durch London raste, ab und zu aus dem Wagen sprang und Leute ansprach, die sie für besonders schlecht gekleidet hielt. Dann schrie sie: »Wir sind die Fashion Police, Sie sind verhaftet!« Die Idee war, sich über die Modemuffel in der Hauptstadt lustig zu machen. Das Konzept der Sendung war fabelhaft auf dem Papier, aber es ließ sich nicht in die Praxis umsetzen, und die Show wurde sofort abgesetzt. Das mag eine Enttäuschung für Geri gewesen sein, aber nicht alles war umsonst gewesen, denn die Bosse von *L!ve* fanden, daß sie bestens fürs Fernsehen geeignet war, und versprachen ihr, nach einem anderen Job für sie zu suchen.

Als Geri im August 1993 ihren einundzwanzigsten Geburtstag feierte, schien sie endlich die richtige Branche gefunden zu haben. Erfolg zeichnete sich ab, und obschon sie noch einen weiten Weg vor sich hatte, spürte sie, daß sie irgendwo ankommen würde. Doch drei Monate später, im November, brach für sie eine Welt zusammen, als ihr Vater unerwartet starb. Lawrence Halliwell war einundsiebzig Jahre alt, und im letzten Jahr hatte sich sein Gesundheitszustand stetig verschlechtert. Sein Tod erschütterte all seine Kinder, aber Geri traf er am härtesten. Ihr Vater hatte ihr immer die Stange gehalten, und es erschien ihr besonders grausam, daß er ihr ausgerechnet jetzt genommen wurde, da sie auf der Schwelle zum Erfolg stand. Geri wird immer mit tiefer Trauer daran denken, daß es ihrem Vater verwehrt geblieben ist, mitzuerleben, daß sie die schwindelnden Höhen des Erfolgs mit den Spice Girls erreicht hat.

Geri durchlitt einige schmerzliche Monate, bis sie sich

mit dem Verlust des Vaters zurechtgefunden hatte. Sie vergoß bittere Tränen, aber als der Frühling 1994 den düsteren Winter vertrieb, konzentrierte sie sich mit neuerwachtem Elan auf ihren Traum. Vielleicht bestärkte sie der plötzliche Tod ihres Vaters noch mehr in ihrer Entschlossenheit, etwas aus ihrem Leben zu machen. Das Schicksal bot ihr die Gelegenheit, sich einer neuen Popgruppe anzuschließen, und Geri wußte, daß sie die Chance nutzen mußte.

Das Telefongespräch mit Chris Herbert, dem sie Honig um den Bart schmierte und gleichzeitig mit ihrer Unverfrorenheit zusetzte, entsprach genau der Strategie, die Lawrence Halliwell ihr beigebracht hatte. Sein Geist lebt in seinem jüngsten Kind weiter, und er wäre stolz auf Geri.

Wutanfälle und Tränen

Das zweite und letzte Casting fand am 17. Mai im NOMIS statt, und Geri machte gleich von Anfang an auf sich aufmerksam. Dieselbe Jury wie beim ersten Termin, diesmal verstärkt durch Chic, war angetreten, um einen Tag mit den zehn Mädchen zu verbringen und die fünf auszuwählen, die dann zu der Gruppe gehören sollten. Von Geri war so gut wie nichts bekannt, deshalb fragte sie einer der Männer als erstes nach ihrem Alter. Geri strahlte ihn mit einem boshaften Grinsen an und erwiderte: »Ich bin so alt, wie Sie mich haben wollen. Wenn Sie möchten, bin ich zehn mit großen Titten.« Den ganzen Tag über war sie frech und aufgekratzt, und ihr selbstsicheres Auftreten und die Schlagfertigkeit machten ihre mangelnden künstlerischen Talente einigermaßen wett. Sie bekam schnell heraus, daß Chic einer der tonangebenden Herren in der Jury war. Sie nannte ihn »Chicky Baby« und wickelte ihn mit ihrem Charme um den Finger.

Die zehn Mädchen zeigten verschiedene Tanznummern, sangen mehrstimmig und allein *a cappella.* Zuerst wurden sie in zwei Gruppen eingeteilt und gebeten, eine eigene Choreographie zu einem Eternal-Song einzustudieren. Die Mitglieder der Jury wollten sehen, wie die Mädchen bei der Arbeit zusammenpaßten, und herausfinden, welche von ihnen die stärkste Persönlichkeit hatte. Während der ganzen Zeit achteten sie auf die auffallendsten Eigenschaften der Bewerberinnen. Am meisten interessierten sie sich dafür, wer mit wem am besten zurechtkam.

Mel B hatte gute Ideen für die Choreographie, und Mel C fiel wegen ihrer kraftvollen Stimme auf – beide waren selbstbewußt und hatten Ausstrahlung. Victoria Adams und Michelle Stephenson brachten Glanz und Glamour in die Truppe. Geri war nach wie vor ein unbeschriebenes Blatt. Offensichtlich war, daß ihre stimmlichen Qualitäten beschränkt waren, das wurde besonders bei ihrem Solo deutlich, das eher wie ein Sprechgesang klang. Trotzdem stahl sie allen anderen die Show, und die drei Männer hatten das Gefühl, daß Geris Unverfrorenheit und Temperament auf die vier Wunschkandidatinnen abfärben würde.

Die endgültige Auswahl wurde ein paar Tage nach dem Casting getroffen, und die Herberts luden die fünf Mädchen für eine Woche in ein Gästehaus in der Nähe von Woking in Surrey ein. Sie hatten die Trinity Studios in Knap Hill für die Proben gebucht und wollten in dieser Woche prüfen, ob die Gruppe tatsächlich Potential hatte. Ian Lee, der künstlerische Direktor von Trinity, hatte den Herberts schon beim ersten Casting das nötige Equipment zur Verfügung gestellt, und er hatte sich die Videos angesehen – er war demnach mit dem Projekt bestens vertraut. Er erinnert sich an sein erstes Zusammentreffen mit den Mädchen: »Sie waren alle schüchtern und aufgeregt wie die meisten Menschen am ersten Tag in einem neuen Job. Die einzige Ausnahme war Geri. Sie stolzierte in ihren Plateauschuhen voller Selbstvertrauen herein und stellte sich vor. Sie sagte: ›Hi, ich bin Geri. Wer sind Sie? Oooh, das wird ein Riesenspaß, stimmt's?‹ Sie schien schon von vornherein Feuer und Flamme zu sein.«

Der erste Song, an dem die Mädchen arbeiteten, war

Take Me Away. Bob und Chris hatten die Rechte dafür von den beiden Songwritern Erwin Keiles und John Thirkell, die sie schon seit Jahren kannten, bekommen. Nach fünf Tagen anstrengender Proben mußten die Mädchen eine kurze Vorstellung für das Managementteam, Chic und einige Mitarbeiter der Studios geben. Sie hatten gute Fortschritte gemacht, und alle waren beeindruckt. Abschließend wurde ein Plan ausgearbeitet, wie die Gruppe bekannt aufgebaut werden sollte, und man fragte die Mädchen, ob sie weitermachen wollten. Die einstimmige Antwort lautete: Ja.

Die Schinderei, die zum Erfolg führen sollte, begann in der ersten Juniwoche. Die Trinity Studios wurden zum zweiten Zuhause für die Girls. Der zusammengewürfelte Haufen wurde zu einer Popgruppe geformt. Ihr eigentliches Zuhause war ein Reihenhaus mit drei Schlafzimmern in der Boyn Hill Road 58 am Stadtrand von Maindehead. Trinity war fünfundzwanzig Minuten Fahrzeit von dem Haus entfernt. Chic ließ eine zusätzliche Dusche in der Toilette im Erdgeschoß einbauen, weil fünf Mädchen unmöglich mit nur einem Badezimmer zurecht kommen konnten.

Das tägliche Training fand in den Studios statt, aber der Teamgeist und Girl Power, die die Spice Girls später auszeichneten, kochten in diesem heruntergekommenen Haus hoch, bis eine Explosion unmittelbar bevorstand und alles außer Kontrolle zu geraten drohte.

Sobald die Arbeit begann, gab man den Mädchen einen strikten Stundenplan vor, nach dem sie sich zu richten hatten. Bob und Chris suchten vier Songs von Keiles und Thirkell aus, und die Mädchen sollten eigene Tanzschritte zu diesen Songs entwickeln. Am Anfang wurden noch keine Choreographen und Stylisten verpflichtet, obwohl das bei den meisten anderen auf diese Weise zusammengestellten Gruppen üblich war. Chris wollte, daß sie sich natürlich entwickelten und ihren eigenen Stil kreierten, unbeeinflußt von professionellen Ideen. Die Gruppe sollte eine authentische Basis und einen unverfälschten Charakter haben – das würde die Chancen auf ein Überleben vergrößern.

Das erste, was eine neue Band braucht, ist ein Name. Alle machten Witze darüber, daß sie »Take This« werden würden, und spielten alle möglichen weiblichen Abwandlungen von Boygroup-Namen durch. Chris schlug vor, daß sie sich »Touch« nennen sollten. Der Name gefiel niemandem so recht, aber andererseits lehnte ihn auch niemand ab. Er war eingängig und hatte einen sexy Beiklang, deshalb wurde beschlossen, »Touch« wenigstens als Arbeitsnamen beizubehalten.

In den ersten Tagen waren die Mädchen ziemlich zahm. Sie waren sogar ausgesucht höflich und benahmen sich wie Schülerinnen, die sich in einer neuen Schule zurechtfinden mußten und Angst hatten, verpetzt zu werden, wenn sie etwas anstellten. Die Mitarbeiter der Studios hörten nie ein lautes Wort oder Beschimpfungen. Sie zeigten sich so zurückhaltend, daß jeder Beobachter vor Verlegenheit in den Erdboden versunken wäre, als Chic seine Anweisungen mit drastischen Worten und Flüchen unterstrich.

Ian Lee war bei diesen ersten Proben dabei und erzählt: »Chic fluchte ständig, und es war ihm egal, daß er es mit jungen Mädchen zu tun hatte. Gott allein weiß, was sie damals gedacht haben mußten. Die Mädchen waren von Anfang an sehr gewissenhaft bei der Sache. Sie kamen zwischen halb zehn und zehn am Morgen ins Studio und blieben bis vier, fünf Uhr. Sie machten kurze Kaffeepausen und eine längere zur Mittagszeit. In den ersten Wochen kannten sie sich noch nicht richtig, und sie waren ziemlich still, als müßten sie sich erst beschnuppern.

Die Tanzvorstellungen waren verdammt schlecht, aber allmählich rauften sie sich zusammen, und man sah, daß Mel B diejenige mit den guten Ideen war. Der Schwachpunkt beim Tanzen war eindeutig Geri. Sie bewegte sich wie ein aufgespießter Fisch. Sie probten ganz bestimmte Schrittfolgen, mußten aber immer wieder abbrechen, weil Geri ins Stolpern kam. Dann rief sie: ›Halt mal, ich bin aus dem Takt. Laßt uns das noch mal machen.‹ Und sie fingen von vorn an. Manchmal spürte man richtig, daß die anderen dachten: O Gott, wir haben eine Flasche in der Gruppe. Sie wurden wütend, als Geri immer wieder alles falsch machte. Aber man sah Geri oft allein im Studio, und sie übte die Schritte, während die anderen ihre Kaffeepausen machten. Ab und zu kreischte sie dann: ›Ich hab's! Jetzt hab' ich's!‹ Sie war immer sehr enthusiastisch.«

Geri war mit Abstand die ungeschickteste Tänzerin, aber bald wurde deutlich, daß *alle* Mädchen schwach waren, was die Stimmen betraf. Sie konnten zwar singen, aber ihnen fehlte die professionelle Technik, und das Management beschloß, einen Gesangslehrer einzuschalten. Erwin Keiles schlug eine seiner Bekannten, Pepi Lemer, vor. Pepi gilt seit zwölf Jahren als eine der besten Gesangslehrerinnen in der Musikbranche, und einige der berühmtesten Popgrößen hatten Unterricht bei ihr. Selbst Stars, die längst etabliert sind, nehmen ihre Hilfe in Anspruch, um ihren bereits exquisiten Stimmen den letzten Schliff zu geben. Aber Pepi ist ebenso in der Lage, Anfänger zu vollkommenen Sängern auszubilden. Sie wurde nach Trinity eingeladen, und die Mädchen sangen ihr *Take Me Away* vor.

»Mein erster Gedanke war: Da ist noch eine Menge Arbeit zu tun«, sagt Pepi heute. »Victoria hatte eine gefühlvolle Stimme mit süßem, sehr sanftem Klang. Die beiden Mels waren kraftvoll und hatten eine gute Reichweite, aber die Einsätze und die Tonlagen stimmten nicht. Am meisten Sorgen machten mir Michelle und Geri – da war keine große Substanz da, sie hatten einfach keinen Sound.

Ich machte mir Notizen über Notizen, dann ging ich mit Chic, Bob und Chris hinaus und erklärte ihnen, daß die Mädchen zwar gut aussahen und Potential hatten, daß es aber lange dauern würde, bis sie einigermaßen fit waren. Ich fragte, wieviel Zeit sie mir geben würden, dann redeten wir über Geld und über die Anzahl der Stunden. Schließlich einigten wir uns auf zwei Sessions in der Woche und setzten zunächst einen Zeitraum von drei Monaten fest.«

Ab jetzt lag es an Pepi, die Mädchen in gute Sängerinnen zu verwandeln. Pepi war sich im klaren, daß sie ein Wagnis einging und vor einer großen Herausforderung stand, aber auf das, was sie in der ersten Stunde erlebte, war sie nicht vorbereitet. Sie ließ jedes Mädchen Tonleitern und bestimmte Übungsmelodien singen, um ihre Stimmlagen einzuschätzen, und machte sich Notizen, auf die sie den weiteren Unterricht abstimmen wollte. Sie merkte rasch, daß der Job härter werden würde, als sie ursprünglich gedacht hatte. Alle Mädchen brauchten umfassenden Einzelunterricht, falls jemals die Aussicht bestehen sollte, daß sie miteinander harmonierten. In der Pause beging Pepi den Fehler, ihren Notizblock offen liegen zu lassen.

Sie erinnert sich: »Ich kam in den Raum zurück, und Geri stand allein am Fenster. Sie drehte sich zu mir um – ihr Gesicht war knallrot und wutverzerrt. Sie kochte regelrecht, als sie auf mich zukam. ›Sie glauben also, daß ich falsch singe.‹

Sie hatte meine Notizen gelesen, als ich draußen war, und war außer sich. Tränen traten ihr in die Augen, aber sie kämpfte dagegen an. Sie sagte: ›Die Zusammenarbeit wird echt schwierig nach diesem Vorfall.‹ Die anderen Mädchen bekamen jedes Wort mit. Ich war richtig erschrocken über ihre Wut. Sie hat einen guten Verteidigungsmechanismus, der sich sofort in Gang setzt, wenn sie sich bedroht fühlt.

Ich weiß noch, daß ich damals dachte: Das fehlt mir gerade noch. Ich führte sie in eine Ecke des Studios und setzte sie auf einen Stuhl, um ihr klar und deutlich meine Meinung zu sagen. ›In diesem Geschäft ist kein Platz für Empfindlichkeiten‹, sagte ich. ›Wenn du losheulst und meine Kritik persönlich nimmst, dann kannst du gleich deine Sachen packen und gehen, weil wir beide in diesem Fall unmöglich zusammenarbeiten könnten und du im Showbusineß keine Überlebenschancen hättest. Ich mache mir ausführliche Notizen über deine Fähigkeiten, und ich bin hier, um dir zu helfen. Du solltest dich darüber freuen und alles, was ich dir sage, positiv annehmen, dann wirst du besser. Ja, du triffst die Töne nicht, aber das muß nicht so bleiben, wenn du meine Ratschläge beherzigst.‹ Sie hörte mir aufmerksam zu und machte nicht einmal den Versuch, mit mir zu streiten. Geri ist nicht dumm, und sie wußte, daß ich recht hatte. Sie blieb ganz cool, sah mich an und sagte: ›Okay.‹ Ich erwiderte: ›Dann laß uns die Sache vergessen und von vorn anfangen.‹

Von da an hatten Geri und ich keine Probleme mehr, und mit der Zeit nötigte sie mir wirklich Respekt ab. Ihr war klar, daß sie das schwächste Glied in der Gruppe war und am wenigsten Talent von allen hatte. Sie wußte, daß sie härter als der Rest arbeiten mußte, und hängte oft noch eine Stunde dran, um vorwärts zu kommen. Sie hatte keine Singstimme, aber ich mußte aus dem, was da war, das beste machen. Ihre Stimmbänder waren starr, und ihr fehlte der besondere Sound, also mußten wir ganz rasch einen kreieren.

Sie ging eifrig auf alles ein, was ich ihr riet. Oft sah ich sie in den Pausen in einer Ecke stehen und ihre Atem- oder Stimmübungen machen, während die anderen miteinander schwatzten und Kaffee tranken. Ich bewunderte ihre Entschlossenheit. Ich weiß, daß Chic sie mochte. Einen Tag nach dem Vorfall fragte ich ihn: ›Was sollen wir mit ihr anfangen?‹ Und er meinte: ›Wir müssen mit dem arbeiten, was sie zu bieten hat, weil sie eine tolle Ausstrahlung und Bühnenpräsenz hat. Ich möchte sie nicht verlieren.‹«

Es bestand nicht die geringste Gefahr, Geri zu verlieren – ganz im Gegenteil.

Die Mädchen arbeiteten sehr diszipliniert. Jeden Morgen begannen sie mit einem Warm-up und Stretching als Vorbereitung für die Tanznummern, dann machten sie ihre Singübungen. Ian Lee installierte fünf Mikrophone und eine Anlage, von der sie die Playbackmusik der fünf Songs, an denen sie arbeiteten, abspielen konnten. Sie schwitzten endlose Stunden, perfektionierten ihre Performance und verfeinerten die Choreographie so gut wie möglich.

In den ersten Wochen gab es viele spannungsgeladene Momente. Es war unmöglich, kreativ zu sein und Ideen zu entwickeln, ohne daß es zu Meinungsverschiedenheiten kam, und es zeigte sich, daß Mel C, Michelle und Victoria relativ still waren und zurücksteckten, um Konfrontationen aus dem Weg zu gehen, während Geri und Mel B, die beiden dominanten Mädchen, klar ihre Ansichten äußerten und sich auf Debatten einließen. Die Stimmung bei der Arbeit und im Zusammenleben war so gereizt, daß sie eine Vereinbarung trafen, um einigermaßen vernünftig weitermachen zu können: Falls eins der Mädchen mit etwas oder jemandem unzufrieden war, sollte sie es sofort offen sagen, damit man in aller Ruhe darüber reden konnte. Nichts sollte unausgesprochen bleiben. Diese kluge, umsichtige Abmachung funktionierte bestens, und mit der Zeit verstanden sich die Mädchen immer besser.

Natürlich kam es immer noch zu heftigen Auseinandersetzungen, aber der Ärger schwelte nicht mehr im Verborgenen. Mel B und Geri gerieten ständig aneinander, und anfangs trauten sie sich nicht über den Weg. Keine von beiden konnte Kritik einstecken, ohne zurückzuschießen. Mel B war die beste Tänzerin mit choreographischem Talent, und es muß sie auf die Palme gebracht haben, wenn Geri immer hinterher hinkte. Aber auch Geri hatte Ideen und wollte, daß sie in die Tat umgesetzt wurden. Oft befanden sie sich auf Kollisionskurs, und keine von beiden änderte die Richtung oder schaltete einen Gang zurück – sie steuerten unweigerlich auf einen Crash zu und stritten sich, daß die Fetzen flogen. Fast jeden Tag wurde ein Musikband mitten in einem Song gestoppt, und wütende Stimmen hallten durch die Flure der Trinity Studios; die Lautstärke steigerte sich zu einem Kreischen, und gewöhnlich eskalierten die Differenzen mit einem Türenknallen, wenn eines oder mehrere Mädchen erbost hinausstürmten.

Das Gewitter legte sich bald, und die Musik ertönte wieder. Die Atmosphäre war bereinigt, der Streit wurde konstruktiver, und die Arbeit, ob es um die Choreographie oder den Gesang ging, profitierte von dem Zusammenprall unterschiedlicher Ideen. Ein lebendiger Teamgeist entstand aus diesen Auseinandersetzungen. Geri und Mel blieben zwar weiterhin die dominanten Persönlichkeiten, die die Gruppe kontrollierten, aber allmählich wurden sie dicke Freundinnen.

Die Entwicklung von einem echten Zusammenhalt war genau das, was das Management erreichen wollte. Nur das bildete eine solide Basis und machte die Gruppe zu einer wirklichen Einheit, der nichts künstlich aufgezwungen worden war. Doch es gab einen Schwachpunkt, der die ganze Konstruktion ins Wanken bringen konnte, und dieser Schwachpunkt war Michelle.

Nach etwa fünf Wochen war nicht mehr zu übersehen, daß eine breite Kluft zwischen Michelle und den vier anderen Mädchen bestand. Die Mädchen wußten, daß Michelle nicht dazupaßte, das Management ahnte es, und sogar die Mitarbeiter der Studios spürten, daß etwas nicht stimmte. Michelle machte technisch gesehen Fortschritte, aber sie schien immer außerhalb zu stehen. In den Mittagspausen schwirrten die Mädchen gewöhnlich davon, um sich bei Sainsburies ein Sandwich zu kaufen, Michelle jedoch blieb allein im Studio oder legte sich draußen in die Sonne.

Ian Lee merkte, daß sie abseits stand. Er sagt: »Die Mädchen wuchsen zu einer Gang zusammen, aber es war eindeutig, daß Michelle nicht dazugehörte. Es gab keine Feindseligkeiten oder persönliche Abneigungen, sie war einfach nur aus einem ganz anderen Holz geschnitzt als die anderen. Die vier waren ausgeflippt, frech und temperamentvoll, und sie hatten viel zu lachen. Michelle hingegen war in sich gefestigt – ein eher methodischer, akademischer Typ –, und sie sah die Unternehmung schlicht als Job an. Ich denke, man kann sagen, daß sie die falsche Einstellung hatte.«

Die Situation war nicht leicht für das Management und die Mädchen. Alle mochten Michelle, und sie wußten, daß sie einen Studienplatz für Englisch und Theaterwissenschaften aufgegeben hatte, um sich der Gruppe anzuschließen. Aber es half nichts – es stand zuviel auf dem Spiel, als daß sie etwas, was nicht richtig lief, in Kauf nehmen konnten. Deshalb faßte man den Entschluß, Michelle gehen zu lassen. Das Timing hätte nicht schlechter sein können. Michelle war ein paar Tage weg, als die endgültige Entscheidung fiel. Kein Mensch wußte, daß sie zur gleichen Zeit mit einer erschütternden Tragödie in ihrer Familie konfrontiert war: Sie hatte gerade erfahren, daß ihre Mutter Penny an Brustkrebs litt, und am selben Tag erreichte sie die Nachricht, daß sie die Gruppe verlassen mußte.

Während Michelle sich um ihre Mutter kümmerte und sich bemühte, ihr Studium wieder auf die Reihe zu kriegen, suchte Touch nach einem Ersatz für sie. Zudem brodelte ein anderes Problem unter der Oberfläche. Victoria benahm sich ein wenig geheimnistuerisch und schien nicht mit offenen Karten zu spielen. Und es gab einen Grund für ihr eigenartiges Verhalten: Sie arbeitete noch immer mit der anderen Gruppe, Persuasion, zusammen und führte praktisch ein Doppelleben.

Wer weiß, was ihr in diesem Sommer durch den Kopf ging, aber die verzwickte Lage muß ihr wie ein Alptraum erschienen sein. Sie hatte schon viele Enttäuschungen in den Anfängen ihrer Showbusineß-Karriere erlebt und wollte nicht noch einmal mit leeren Händen dastehen, deshalb nutzte sie beide Chancen, die sich ihr boten. Seit dem Casting in den Dance Works Studios hatte sie auf zwei Pferde gesetzt und versuchte verzweifelt herauszufinden, welches von beiden der Gewinner sein würde. Aber jetzt mußte sie sich entscheiden.

Die Arbeit mit Persuasion wurde immer zeitaufwendiger, weil die Gruppe für ein Show-Konzert probte, das am 28. August in der Discotheque Royal in Uxbridge vor Managern der Musikbranche stattfinden würde. Es sollte ein ganz großer Abend für die Band werden, an dem sie sich einen Plattenvertrag sichern konnten. Victoria fühlte sich plötzlich von allen Seiten unter Druck gesetzt.

Touch hatte wenig verheißungsvoll begonnen, aber jetzt, da die Mädchen schon eine ganze Weile zusammen waren, spürte Victoria, daß sich etwas ganz Besonderes zwischen ihnen entwickelte. Ihr war klar, daß sie bei Touch bleiben mußte, und schließlich beschloß sie – nur zwölf Tage vor dem wichtigen Konzert –, das gefürchtete Telefongespräch mit Steve Andrews, dem Manager von Persuasion, hinter sich zu bringen.

Steve Andrews sagt: »Es war unsere Chance, groß herauszukommen. Victoria hat wochenlang überlegt, was das Richtige für sie ist. Sie war wirklich nervös, weil sie Leadsängerin bei einer Ballade war. Ich brachte einen Anwalt ins Spiel und wollte alle unter Vertrag nehmen, um zu zeigen, daß es jetzt ums ernste Geschäft ging. Unsere Träume schienen Gestalt anzunehmen. Es hat uns eine Menge Arbeit gekostet, aber jetzt waren wir bereit. Und da ruft Victoria an und sagt, daß sie zu einer anderen Band geht. Ich erinnere mich, als wäre es gestern gewesen. Sie wußte verdammt genau, daß wir so schnell keinen Ersatz für sie finden. Ich war so wütend, daß ich im ersten Moment kein Wort herausbrachte. Dann fragte ich sie immer wieder, wie sie uns das antun kann, und sie entschuldigte sich ständig. Wir alle waren am Boden zerstört, als sie das Handtuch warf – wir konnten es nicht fassen. Ich fühlte mich, als hätte mir jemand die Zähne eingetreten.«

Persuasion lahmte nach diesem Schlag und verabschiedete sich schließlich aus dem Rennen um den großen Erfolg in der Welt des Pops, während Touch weiter galoppierte. Es war noch eine lange Strecke bis zum Ziel, und noch mußten eine Menge Hindernisse überwunden werden, aber Victoria hatte auf den Sieger gesetzt.

Die vier Mädchen machten Sommerferien, während die Herberts nach einem Ersatz für Michelle suchten. Sie zogen die Mädchen in Betracht, die beim letzten Casting ausgemustert worden waren, merkten aber schnell, daß sie ein neues Gesicht brauchten. Sie fragten Pepi, ob sie jemanden kannte, der zu den anderen passen könnte, und sie dachte sofort an ein Mädchen, dem sie Privatunterricht erteilt hatte – an Abigail Kis.

Abigail war sehr interessiert und machte einen guten Eindruck. Sie hatte das Aussehen und das Talent, die Lücke zu füllen, die Michelle hinterlassen hatte, aber Chic war an dem Tag, an dem sie sich vorstellte, in mieser Stimmung. Abigail brachte ihren Freund zum Casting mit, und Chic hatte etwas gegen Mädchen mit Freunden – die Jungs waren eine Bedrohung für seine Investitionen. Er beschloß, Abigail zu testen und sagte, sie müsse ein Single sein, um den Job zu bekommen. Der Freund protestierte, und Chic fragte ihn barsch: »Wie wirst du dich fühlen, wenn deine Puppe im kurzen Rock vor tausend Kerlen steht, die sie alle anstarren?«

Es war sozusagen die B-Seite eines »ermutigenden« Bewerbungsgesprächs, und der Trick wirkte. Abigail trat den Rückzug an und teilte später Pepi telefonisch mit, daß die Sache nichts für sie sei. Diese Entscheidung sollte sie noch bitter bereuen, besonders weil die Beziehung zu dem Jungen, wie vorauszusehen war, bald in die Brüche ging.

Ein paar andere Mädchen wurden zum Vorsingen bestellt, aber dann erinnerte sich Pepi an eine ihrer Schülerinnen vom Barnet Technical College. Es war ein freundliches, hübsches Mädchen mit guter Stimme. Ihr Name war Emma Bunton.

Mit Baby sind's fünf

Emmas Story

Es war ein hartes Stück Arbeit, Emma aufzuspüren, da sie das College bereits verlassen hatte und Pepi ihre Privatnummer nicht kannte. Der Collegelehrer, mit dem sich Pepi in Verbindung setzte, brauchte eine Weile, bis er die Nummer ausfindig machte. Emma war gerade außer Haus, als Pepi sich telefonisch bei ihr meldete. Pepi sprach mit Emmas Mutter Pauline, die sich vage an die Gesangslehrerin ihrer Tochter erinnerte. Pepi hielt sich noch ein wenig bedeckt und sagte: »Ich weiß nicht, ob Emma Interesse an so etwas hat, aber ich arbeite da mit einer Gruppe zusammen. Im Moment sind die Mädchen noch nichts Besonderes, aber einige ausgesprochen seriöse Leute stehen hinter ihnen und geben viel Geld aus, um sie auf die richtige Spur zu bringen. Vielleicht führt das alles zu nichts, aber es wäre auch möglich, daß was draus wird. Glauben Sie, das wäre was für Emma?«

Ein paar Stunden später rief Emma zurück. Sie war vollkommen aus dem Häuschen – ja, natürlich wollte sie mitmachen.

Obwohl Emma einen Theaterkurs im Barnet Tech absolviert hatte, hatte sie bis zu dem schicksalhaften Anruf von Pepi keinen Job gefunden. Noch hatte sie keinen Grund zur Torschlußpanik, trotzdem erwartete sie einiges von ihrer Zukunft. Sie war erst achtzehn Jahre alt, war aber schon dreizehn Jahre erfolgreich im Geschäft und begierig darauf, zu Größerem berufen zu werden.

Emma Lee Bunton wurde am 21. Januar 1976 geboren und wuchs in Finchley, im nördlichen London, zusammen mit ihrem um fünf Jahre jüngeren Bruder Paul auf. Schon als Kleinkind wurde ihre Sehnsucht, im Rampenlicht zu stehen, geweckt. Mit achtzehn Monaten bezauberte sie bei örtlichen Feierlichkeiten zum fünfundzwanzigjährigen Jubiläum der Queen im Jahr 1977 in einem mit Perlmuttknöpfen besetzten Kleidchen die Leute. Mit dem blonden Haar, dem engelsgleichen Lächeln und ihrem fröhlichen Wesen sah sie aus wie eine Puppe, die von allen Erwachsenen bewundert wurde.

Als sie drei war, gewann Emma einen Schönheitswettbewerb in einem Ferienort und posierte begeistert mit Krönchen und königlichem Umhang auf dem provisorischen Thron. Sie strahlte in die Kamera, und das Scheinwerferlicht zog sie an wie ein Magnet. Emmas Lust, sich darzustellen, war so groß, daß ihre Mutter sie, als sie fünf war, zu einem Casting für Kindermodels mitnahm. Ein Agent nahm sie gleich an Ort und Stelle unter Vertrag, und sie wurde auch sofort gebucht. Sie war ständig unterwegs zu Castings oder Fototerminen.

Ihr Agent Gill Peters erzählt: »Emma war ein Hit. Sie arbeitete unermüdlich und hatte das gewisse Etwas, nach dem wir alle gesucht hatten. Ihre Augen blitzten, und sie liebte die Kamera.«

Emma ließ sich für eine Strickmuster-Anzeige in einem Versandhauskatalog und für eine Broschüre vom Mütterhilfswerk fotografieren. Mit sechs posierte sie für ein »Boy meets Girl«-Foto und trank mit einem Jungen Rotwein, der eigentlich Traubensaft war.

Emma zeigte sich ausgesprochen selbstbewußt vor der Kamera, und sie wollte unbedingt singen und tanzen

Die Spice Girls mit den Puppen aus dem Film *Toy Story* nach ihrer Amerikareise.
© Neil Rogers

Links: **Mel B begutachtet ihre Trophäe als Brillenträgerin des Jahres. © Doug Peters**

Rechts: **Der neue Spice Look mit roten Pappnasen anläßlich der großen Wohltätigkeitsveranstaltung von *Comic Relief TV*. © Mark Cuthbert**

Ein Riesenerfolg für die Spice Girls - sie erhalten den *TV-Award 1996!* © Dave Hogan

Die Spice Girls feiern ihren sensationellen Triumph bei den *Brit Awards 1997*.
© Doug Peters

Die Spice Girls bei ihrer ersten Live-Performance in England beim Prince's Trust 1997.
© Justin Thomas

Oben: **Die Mädchen stehlen beim Filmfestival in Cannes 1997 allen anderen Stars die Show, als sie am Eingang vom Hotel Martinez für die Fotografen posieren.**
© Doug Peters

Rechts: **Die hübsche Emma winkt ihren Fans mit einem strahlenden Lächeln zu.**
© Doug Peters

Linke Seite:
Oben: **Victoria kauft sich den schnittigen MG-Sportwagen von ihrem ersten Spice-Geld.**
© Volak/Furniss
Unten: **Und noch ein Award - seit ihrem ersten Hit »Wannabe« haben die Spice Girls Dutzende Auszeichnungen erhalten.**
© Jim Anderson

Mel B genießt den Beistand von Mel C und Emma. © Davies/Peters

lernen, also meldete ihre Mutter sie in der Kay Dance School für Ballett- und Stepstunden an. Bei ihrem ersten Bühnenauftritt war sie ein Mondstrahl und ein steptanzendes Bärenjunges.

Sheryle Adrian, eine ihrer Lehrerinnen aus diesen Tagen, erinnert sich: »Emma war ein dürres kleines Ding. Ich werde nie vergessen, wie sie sich an die anderen angepaßt hat, selbst Kindern, die zwei Jahre älter als sie waren. Ich weiß noch, daß sie eine besonders komplizierte Schrittfolge sofort aufgriff und fehlerfrei mitmachte. Sie war in allem extrem gut, und ich wußte, daß sie es einmal weit bringen würde. Sie hätte nur beim Ballett bleiben können, aber sie wollte ein umfassenderes Training.«

Nicht alle waren begeistert über den Druck, den ein kleines Mädchen um der Karriere willen aushalten mußte, und manche meinten, Emma würde bei der Jagd nach Erfolg und Ruhm um eine normale Kindheit betrogen. Ihrer Großmutter Theresa Bunton war ganz sicher nicht wohl bei dem Gedanken daran. Sie meint dazu: »Emma wurde als Kind immer gepuscht und von einem Casting zum nächsten gehetzt. Sie war nie draußen, um mit anderen Kindern oder ihren Puppen zu spielen. Sobald ich ins Zimmer kam, sagte sie: ›Nanny, sieh mal, wie ich steppe. Schau mir zu, wie ich Ballett tanze.‹ Natürlich war ich stolz auf alles, was sie tat, aber sie hatte in vielerlei Hinsicht überhaupt keine Kindheit. Selbst auf Urlaubsfotos setzte sie sich immer in Positur und spielte das kleine Model. Wir alle sagten, daß Emma einmal etwas ganz Besonderes werden würde. Sie war ein kleines Püppchen, das hübscheste Kind, das Sie je gesehen haben.«

Welche Freuden der Kindheit Emma auch immer versäumt hatte, sie ersetzte sie durch die Erfahrungen und den Spaß, den sie als Model hatte. Sie kurvte durch London, reiste gelegentlich ins Ausland in sonnige Gegenden und verdiente für ein Kind phantastische Gagen. In der Anfangszeit bekam sie zwanzig Pfund in der Stunde, und das ganze Geld wurde zur späteren Verwendung auf ein Konto eingezahlt. Einer der größten Vorteile ihrer Karriere war, daß sich eine besondere Beziehung zwischen ihr und ihrer Mutter entwickelte, die ihre Tochter überallhin begleitete und sicherstellte, daß es ihr gutging. Sie wurden echte Freundinnen, und diese Nähe sollte Emma später, als sie zu internationalem Ruhm gelangte, helfen, mit dem Druck und der Anspannung fertig zu werden.

Ein früher Hinweis auf Emmas Interesse für die Welt des Pops zeigte sich, als sie neun Jahre alt war. Dic Begeisterungswelle für Madonna schwappte gerade nach ihrem Hit *Like a Virgin* über Großbritannien hinweg, und Emma schwärmte wie alle für diesen Song. Die Party, die sie 1985 zu ihrem neunten Geburtstag gab, stand unter dem Motto »Madonna«. In der Schule stellte Emma auf dem Schulhof Popgruppen zusammen – natürlich mit ihr als Leadsängerin –, und zu Hause verbrachte sie Stunden in ihrem Zimmer und spielte, daß sie ihre eigene Radioshow aufzeichnete.

Im Alter von zehn war Emma bereits ein erfahrenes professionelles Model. Sie war schon so versiert, daß sie sich oft um die jüngeren Kinder kümmerte, wenn sie bei einer anstrengenden Fotosession unruhig wurden. Einmal ging sie für Harrods in Badeanzügen und bunten Outfits mit passenden Accessoires wie beispielsweise einer knallroten, herzförmigen Sonnenbrille über den Laufsteg. Ihr Gesicht war auf Waschpulverschachteln zu sehen, und sie war das Mädchen, das sich die Zähne mit Mentadent-Zahnpasta putzte. In einer Fernsehwerbung spielte sie die Freundin von Milky Bar Kid, während sie in der Schweiz als das Mädchen, das Erdbeeren aß, bekannt wurde.

Bei einer solchen Kindheit war es nahezu unvermeidlich, daß Emma keine normale Schulausbildung machte. Sie besuchte die Sylvia Young Drama School in Nord-London, eine der renommiertesten Schauspielschulen für Kinder. Dort war Emma in ihrem Element. Alle anderen Mädchen waren genauso extrovertiert wie sie und hatten große Hoffnungen für die Zukunft. Viele von ihnen hatten später Erfolg, aber in weit bescheidenerem Rahmen als Emma. In ihrer Klasse waren Daniella Westbrook, die später in der BBC Soap opera *EastEnders* mitspielte, Dani Behr, die Fernsehmoderatorin wurde, und Samantha Janus, eine Bühnen- und Fernsehschauspielerin. Eine andere Schulfreundin war Denise Van Outen, die gegenwärtige Moderatorin von *The Big Breakfast* in Channel 4. Sie alle zusammen waren ein wilder Haufen, der gern mit Jungs flirtete und generell für Wirbel sorgte.

Denise erinnert sich: »Emma und ich waren die beiden Blondies in der Schule. Das machte uns ziemlich populär bei den Jungs, und wir knutschten mit ihnen und reichten sie anschließend reihum. In den Pausen trafen wir uns in der Toilette und quatschten über die Jungs, die wir geküßt hatten – oft fanden wir heraus, daß wir dieselben geküßt hatten. In unserer Schule waren die Mädchen in der Überzahl, also blieb uns nichts anderes übrig, als zu teilen. Vor der Mittagspause klatschten wir uns dicke Schichten Make-up ins Gesicht, krempelten unsere Röcke am Bund um, um sie kürzer zu machen, und sprangen dann auf die Tische und sangen Songs von Fame. Wenn uns ein Lehrer erwischte, mußte das Make-up runter, die Röcke wurden länger, und wir wurden von den Tischen gejagt. Emma war eine tolle Sängerin und ein nettes Mädchen. Sie war nie zickig – alle mochten sie. Sogar schon damals hatte sie immer Zöpfchen.«

Bei all dem Spaß lernte Emma in der Sylvia Young School alle Aspekte der darstellenden Künste kennen – von Schauspielerei über Gesang bis zum Tanzen. Sie spielte in einer ganzen Reihe von Schulaufführungen mit und nahm Vorsprechtermine für Theaterproduktionen wahr. Eines der größten Castings war das für die Rolle der Bianca, eine junge Wilde in *EastEnders*. Emma gefiel dem Casting Direktor, und er setzte sie auf die Liste der letzten sechs, aber sie wurde nicht genommen. Das war eine verpaßte Gelegenheit, denn Bianca wurde zu einer der beliebtesten Figuren in der Serie und machte Patsy Palmer zum Star. Später spielte Emma in einer Folge von *EastEnders* ein Mitglied einer Gang, die einen Rentner überfiel. Es war eine gute Sache, aber die Rolle entsprach nicht ihrem freundlichen Wesen. Emmas Großmutter fragte erbost: »Konntest du dir keine nettere Rolle aussuchen?«

Die Schulgebühren bezahlte Emma von dem Geld, das sie früher verdient hatte, aber es reichte nicht für alles, und die Buntons hatten zu kämpfen, um sich über Wasser zu halten. Emmas Vater Trevor, ein Milchmann, machte Extratouren und arbeitete nachts zusätzlich als Taxifahrer, um die Schule bezahlen zu können. Aber schließlich wurde der finanzielle Engpaß doch zu bedrohlich, und Emma mußte die Sylvia Young School verlassen und auf eine normale höhere Schule gehen. Es war eine schwierige Zeit für Emma, und sie hatte Probleme, sich einzugewöhnen, aber zum Glück hatte sie so großes Talent bewiesen, daß sie schon nach kurzer Zeit ein Stipendium bei der Sylvia Young bekam und wieder zurück durfte.

Emma

Emma war sechzehn, als sie ihren ersten ernsthaften Freund kennenlernte. Carlton Morgan gehörte zu der kleinen Gruppe Jungs in ihrer Schule und sah gut aus. Er verknallte sich auf Anhieb in Emma.

Er sagt: »Emma fiel auf, weil sie so hübsch war. Sie war das erste Mädchen, bei dem ich dachte: Ja, die muß ich haben. Ich wollte nicht mit der Tür ins Haus fallen und meine Chancen ruinieren, deshalb ließ ich erst vorsichtig durchblicken, daß ich Interesse an ihr habe. Ein paar Tage später kam sie zu mir und sagte: ›Ich hab' gehört, daß du mich magst. Was willst du deswegen unternehmen? Warum bringst du mich nicht nach Hause?‹ Ich ging mit ihr zur U-Bahn-Station – in meinem ganzen Leben bin ich nie so langsam gegangen. Dann küßte ich sie, und von da an lief die Sache.«

Die Beziehung wurde rasch ernst. Sie waren in den Pausen ständig zusammen und verbrachten auch nach der Schule so viel Zeit wie möglich miteinander. Wenn sie getrennt waren, telefonierten sie stundenlang, und der romantische Carlton sang Michael Jacksons *I Just Can't Stop Loving You* am anderen Ende der Leitung. In dieser Zeit versuchte Emma, eigene Songs zu schreiben, und wenn sie eine Liebesballade fertig hatte, sang sie sie Carlton vor. Sie waren sechs Monate zusammen, bevor sie zu den Klängen von Whitney Houstons *Greatest Love of All* zum erstenmal miteinander schliefen.

Carlton erzählt: »Es war etwas ganz Besonderes und eine Zeit, die ich nie vergessen werde. Emma war nervös und wußte nicht, was sie tun sollte, aber sie schien Spaß daran gehabt zu haben. Jedesmal, wenn ich diesen Song höre, muß ich lächeln. Wir wußten beide, daß es mehr war als eine Teenager-Romanze. Wir empfanden viel füreinander und sprachen von dem Tag, an dem wir heiraten und eine Familie gründen würden. Wir waren ziemlich wild, aber wir waren verliebt und taten, soviel wir konnten, zusammen.«

Emma erzählte später von ihrer ersten sexuellen Erfahrung und gestand: »Es lief nicht alles reibungslos, aber es war wundervoll. Ich blieb ein Jahr mit dem Jungen zusammen, und es wurde mit jedem Mal besser.«

Die Beziehung endete, als sich Carltons Eltern trennten und er die Schule verlassen mußte, um sich um seine jüngeren Geschwister zu kümmern, wenn seine Mutter nicht zu Hause war. Es war eine furchtbare Zeit für Carlton, und Emma fühlte mit ihm – ihre Eltern hatten sich auch getrennt, als sie noch jünger war. Sie mußte bei ihren Großeltern leben, während ihr Vater und ihre Mutter sich scheiden ließen. Es war schrecklich, aber Emmas Leidenschaft fürs Theater und Tanzen half ihr, sich abzulenken. Sobald alles geregelt war, zogen Emma und ihr Bruder zu ihrer Mutter. Pauline arbeitete als Karatelehrerin und trainierte Emma, bis sie den blauen Gürtel bekam.

Emma verließ die Sylvia Young School, als sie sechzehn war, schrieb sich für einen zweijährigen Theaterkurs am Barnet Technical College ein und spielte dort in vielen Musicals und Theaterstücken. In Pepi Lemers Unterricht entwickelte sie ihre Stimme, und ihre Technik verbesserte sich so sehr, daß Emma mit ihren Soli allen anderen die Show stahl.

Nebenbei ging sie zu Vorsprechterminen und bekam Rollen in etlichen Fernsehwerbespots. Aber die Konkurrenz war groß, und trotz ihrer jahrelangen Erfahrung und der besten Ausbildung konnte Emma keinen echten Durchbruch im Showbusineß erzielen.

Im letzten Semester am College bewarb sie sich um einen Studienplatz an der Uni, wurde aber abgelehnt.

Sie war sehr enttäuscht und ging nach dem Collegeabschluß einer ungewissen Zukunft entgegen. In den nächsten zwei Monaten hatte sie kein Glück, und nur die Honorarschecks für die Wiederholungen ihrer Werbespots erinnerten sie an ihre vergangene Karriere im Showgeschäft. Doch Emma glaubt fest an das Schicksal, und die ganze Zeit war sie überzeugt, daß sich bald etwas für sie ergeben würde. Dann kam Pepi Lemers Anruf.

»Ich war sehr realistisch, als ich mit Emma sprach«, berichtet Pepi heute. »Sie meinte, sie hätte im Moment nicht viel zu tun und wäre froh, irgend etwas machen zu können. Ich wollte ihr keine allzu großen Hoffnungen machen, weil neunzig Prozent der Bewerberinnen nach den Castings abgewiesen werden. Aber sie erklärte sich trotzdem dazu bereit und sagte: ›Vielen Dank, daß Sie an mich gedacht haben, Pepi.‹ Emma ist wirklich ein süßes, höfliches Mädchen.«

Pepi schickte Emma ein Tape von *Take Me Away* und riet ihr, den Song zu lernen, während sie das Casting vorbereitete. Es fand in West-London in Erwin Keiles Haus statt, wo das Gästezimmer zu einem Aufnahmestudio umfunktioniert worden war.

Emma sang, und Chris, Bob, Erwin und Chic waren von ihrer Vorstellung angetan, obwohl sie so nervös war, daß ihre Stimme bei den hohen Tönen zitterte. Alle mochten sie – das heißt alle außer Chic. Ihm gefielen ihre Stimme und ihr Gesicht, aber ihm bereitete etwas anderes Sorgen – er fand sie zu dick und meinte, daß sie zu kurze Beine hätte. Chic war auf lange Beine fixiert, und im Grunde seines Herzens sehnte er sich nach einem Abklatsch von den Three Degrees. Emma, ein kleines, blasses Mädchen mit blonden Zöpfen war so weit vom Image der Three Degrees entfernt, wie man es sich nur vorstellen konnte.

Pepi überzeugte Chic davon, daß die meisten Teenager ein bißchen Babyspeck hatten, der mit der Zeit verschwinden würde. Die Herberts blieben eisern bei ihrer urspünglichen Idee, daß sie keine ebenmäßigen, statuengleichen Models in der Gruppe haben wollten, und schließlich gab Chic nach und meinte auch, daß Emma der perfekte Ersatz für Michelle sei. Man machte sie darauf aufmerksam, daß sie mit den anderen Mädchen zusammenleben müßte. Für sie war das eine erschreckende Aussicht – sie war immer Mummys kleiner Liebling gewesen und hatte Angst davor, ihr Zuhause zu verlassen, andererseits war ihr klar, daß sie diesen Bruch ohnehin irgendwann vollziehen mußte. Sie nahm den Job ohne Umschweife an.

In der ersten Woche fiel es Emma schwer, sich in der Boyn Hill Road 58 zurecht zu finden, und sie schluchzte oft ins Telefon, wenn sie mit ihrer Mutter sprach. Eines Abends fand Geri sie weinend in ihrem Zimmer vor und nahm sie in die Arme. Alle Mädchen schienen Emma bemuttern zu wollen, und sie lebte sich nach der ersten schwierigen Woche rasch ein. Emma ist von Natur aus nicht zickig oder neidisch auf den Erfolg anderer. Deshalb rief sie keine Feindseligkeiten hervor und stellte auch keine Bedrohung für die anderen dar. Ihre Sanftmut war ein willkommener Gegenpol zu den temperamentvollen Ausbrüchen von Mel B und Geri. Die anderen mochten Emma auf Anhieb, und ein Beobachter, der die fünf Mädchen in den ersten Tagen zusammen sah, meinte, die vier hätten sich benommen, als wären sie Tanten, die ihre längst verschollen geglaubte Lieblingsnichte endlich wieder in ihre Arme schließen konnten. Die Lücke, die Michelles Weggang aufgerissen hatte, schloß sich rasch wieder. Das Baby machte die Band komplett.

Startschuß

Jetzt, da Emma mit an Bord war, begann die echte Schufterei. In einem Wochenplan wurde genau festgelegt, an welchen Tagen sich die Mädchen ausschließlich aufs Singen, Tanzen oder Stimmübungen konzentrieren sollten. Es war ein enormes Pensum, das nur mit großer Disziplin zu bewältigen war, aber die Mädchen stürzten sich voller Enthusiasmus in die Arbeit in den Trinity Studios. Es gab keine Möglichkeit, sich vor etwas zu drücken, selbst wenn sie gewollt hätten, weil das Management die Anwesenheit überprüfte und beinahe täglich die Fortschritte überwachte. Noch bedrohlicher war, daß ihr Sugar Daddy Chic die Gruppe aus der Entfernung aufmerksam im Auge behielt. Er rief häufig die Jungs im Studio an, um zu checken, wann genau die Mädchen aufgetaucht waren und wann sie sich wieder aus dem Staub gemacht hatten. Wann immer sie glaubten, sich Freiheiten herausnehmen zu können, ließ er sie wissen, daß er keineswegs glücklich darüber war.

Die Mädchen meldeten sich arbeitslos, um Geld für ihren Lebensunterhalt zu bekommen, und beantragten Wohngeld. Sie lebten wie Studenten, gingen aus, wenn sie konnten, waren aber immer knapp bei Kasse. Sie versuchten zu sparen, indem sie sich Salat oder Sandwiches von zu Hause mitbrachten, statt sie jeden Mittag bei Sainsburies oder im Coffeeshop in Knap Hill zu kaufen.

Mit dem Singen und Tanzen machten sie genau da mit Emma weiter, wo sie mit Michelle aufgehört hatten, und

Emma fügte sich problemlos ein. Sie lernte die Tanzschritte schnell und hatte eine bereits ausgebildete Stimme, daher brauchte sie nicht viel aufzuholen. Meistens probten die Mädchen vor einem riesigen Spiegel in einem der Studios. Sie beobachteten sich selbst unablässig, wenn sie sangen und tanzten und wußten deshalb ganz genau, wie sie aussahen und wie ihr Stil wirkte.

Immer und immer wieder probten sie die fünf Songs aus dem Keiles-Thirkell-Katalog, bis sie die Melodien bis oben satt hatten. Einer der Titel hieß passenderweise *We're Gonna Make It Happen*, und er wurde in diesen Entwicklungsmonaten zum Leitmotto für die Gruppe.

Der Gesangsunterricht mit Pepi fand meistens im Studio, manchmal aber auch bei ihr zu Hause oder im Reihenhaus in der Boyn Hill Road statt. Die Stunden waren lang, anstrengend und frustrierend. Oft saßen sie im Halbkreis um Pepi und sangen abwechselnd bestimmte Töne. Pepi spielte die Note immer wieder, bis jedes Mädchen den Ton richtig traf. Hin und wieder meldeten die fünf Girls Zweifel an, ob sie diese Perfektion wirklich brauchten, um in der Popbranche Bestand zu haben, in der mit Hilfe der Computertechnik selbst die schlechtesten Stimmen wohlklingend gemacht werden konnten. Aber letztendlich waren sie dankbar für Pepis Engagement und Geduld. Sie wurden bis zur Erschöpfung beansprucht – dann brach Mel B eines Nachmittags zusammen.

Pepi berichtet: »Ich saß in einem der Schlafzimmer am Keyboard und arbeitete mit jedem Mädchen eine halbe Stunde. Ich versuchte Mel B dazu zu bringen, eine ganz bestimmte Note zu singen. Sie traf den Ton nicht, konnte das selbst aber nicht hören, deshalb bat ich sie unzählige Male, den Ton zu wiederholen. So ging das Ewigkeiten, aber sie schaffte es einfach nicht.

Sie sperrte sich – es war schwerer, ihr etwas beizubringen, als den anderen Mädchen, und sie stellte alles in Frage, was ich tat. Wir blieben bei diesem einen Ton, und am Ende weinte sie. Die Tränen strömten ihr übers Gesicht. Sie war so aufgeregt, daß sie nicht weiter machen konnte, deshalb sagte ich: ›Okay, belassen wir's für heute dabei.‹ Sie war heilfroh, endlich wegzukommen. Später fragte ich die anderen Girls, was mit ihr los war, und sie erzählten mir, daß sie Probleme mit einem Jungen hatte.

Mel machte einen taffen Eindruck und war charakterstark, aber im Grunde war sie genauso verletzlich wie die anderen. Alle weinten hin und wieder, während ich mit ihnen arbeitete. Es ging meistens um Jungs – also um ganz normale Probleme –, oder eine war müde und fertig. Aber das war auch kein Wunder, weil sie so intensiv arbeiteten. Einmal machte ich mir große Sorgen wegen Emma, weil sie so erschöpft war. Sie hatte keine Energie mehr, war lethargisch und kauerte sich zusammen, als wäre ihr die ganze Zeit kalt. Ich überlegte, ob ich sie zum Arzt schicken sollte, aber allmählich kam sie wieder zu Kräften.

Die Mädchen standen unter Hochdruck, und ich bewunderte aufrichtig ihre Entschlossenheit. Wenn sie faul gewesen wären und Zicken gemacht hätten, wäre ich nicht bei ihnen geblieben; ich hätte mich sofort aus dem Staub gemacht, weil sie noch unheimlich viel zu lernen hatten, aber mit der Zeit hatte ich sie richtig gern.

Sie arbeiteten unermüdlich, Tag für Tag, und ihr Ehrgeiz hielt mich bei der Stange. Ich wollte, daß sie Erfolg haben, weil ich sah, wieviel sie investierten. Nach einer Weile kam ich auch mit Geri gut zurecht – mir war klar, wie sehr sie zu kämpfen hatte. Nach der ersten Stunde reagierte sie nie mehr empfindlich auf Kritik und machte bei allem mit, was ich ihr empfahl. Sie saugte meine Ratschläge regelrecht in sich auf – ich bewunderte das. Sie wurde mir gegenüber immer offener und entwickelte sogar Interesse an mir persönlich. Sie war wundervoll, und es war nicht zu übersehen, daß sie intelligent war und Erwartungen an das Leben stellte. Ihr war bewußt, daß sie mehr arbeiten mußte als die anderen – sie strengte sich unheimlich an, um die anderen einzuholen. Woche für Woche wurde ihre Stimme kräftiger, und schließlich war sie die Beste bei den Grundübungen, weil sie für sich allein trainierte.«

Obwohl sie ständig die fünf Songs wiederholten und die ermüdenden Gesangsstunden über sich ergehen lassen mußten, war ihnen in dieser Zeit kein bißchen langweilig. Sie hatten viel zu lachen. Sie wuchsen zu einer richtigen Bande zusammen, hatten ihre eigenen Witze und Ausdrücke, die niemand sonst verstand. Und manchmal verschreckten sie die Leute mit ihrem überdrehten Benehmen. Im Haus hörte man viel Gelächter, und Pepi und Shelley D'Silva erinnern sich noch heute an die turbulente Atmosphäre dort. Wenn sie hinkamen, glaubten sie manchmal, direkt in eine Sitcom geraten zu sein.

Das Haus war spärlich eingerichtet. Es gab eine Küche und ein großes Wohnzimmer mit billigen, alten Möbeln und einem großen Spiegel, vor dem die Mädchen abends die Choreographie üben konnten. Im Obergeschoß befanden sich zwei große Schlafzimmer und eine Kammer. Die beiden Mels teilten sich ein Zimmer, Victoria und Emma das andere, und Geri bewohnte die Kammer allein. Alle Mädchen mochten Take That, und ein Poster von den Jungs hing an der Wand. Oft sahen sie es sich an und sagten jedem, der gerade da war: »Bald sind wir größer als die. Wart's nur ab.«

Shelley sagt: »Sie waren ein irrer Haufen und hatten

viel zu lachen. Sie trieben sich herum, und zogen, wo immer sie auch hinkamen, eine große Show ab. Wenn sie auf dem Weg von den Studios in ein Pub schneiten, übernahmen sie sofort das ganze Lokal. Sie waren laut und liebten es, alles in Aufruhr zu bringen, aber es war immer lustig.«

Am Anfang hatte nur Geri ein Auto. Alle Mädchen quetschten sich in ihren winzigen, zehn Jahre alten, pastellgrünen Fiat Uno, kicherten und kreischten, weil sie keinen Platz hatten, dann fuhren sie mit laut dröhnender Musik los, sangen und schrien aus den Fenstern. Die beiden Songs, die sie zu der Zeit am meisten mochten, waren Salt-n-Pepas *Let's Talk About Sex* und passenderweise Cyndi Laupers *Girls Just Want To Have Fun*.

Wenn sie vor den Studios oder zu Hause ankamen, stemmten sie sich aus dem Auto, streckten ihre schmerzenden Glieder und kicherten weiter. Sie waren wie Studentinnen in den Ferien, immer albern und bereit, nur die lustige Seite des Lebens zu sehen. Das absurde Vehikel paßte perfekt zu Geris Fahrkünsten. Wenn Geri am Steuer saß, war sie immer ein bißchen verrückt und ließ sich leicht ablenken. Im Wagen ging es hoch her mit viel Krach und Gekreische, und in ihrem Kopf spukten immer tausend Ideen herum. Oft brauste sie aus Versehen bei Rot über die Kreuzung, und zudem hatte sie die nervenaufreibende Angewohnheit, ganz dicht an die parkenden Autos heranzufahren. Der Außenspiegel war immer kaputt und hing schlaff an der Tür, und die Karosserie war voller Kratzer und Dellen.

Die Mitarbeiter von Trinity gewöhnten sich mit der Zeit an den Tumult auf der Straße, wenn die Mädchen zur Arbeit erschienen. Oft unterschätzte Geri die Kurve vor dem Parkplatz und schrammte mit der Stoßstange an der Mauer entlang. Es gibt viele Geschichten von Beinahe-Unfällen, die ihnen auf diesen Fahrten gedroht hatten. Einmal, als die Mädchen aus dem Fitneß-Studio kamen, fuhr Geri zu schnell in eine Kreuzung, und ein Radfahrer krachte in die Seite des Fiats und zerschlug das Fenster. Bei der Ankunft auf dem Trinity-Parkplatz wurden die Mädchen beobachtet, wie sie die winzigen Glasscherben aus ihren Klamotten klopften und sich dabei halb totlachten.

Eines Tages hatten sie einen Unfall auf dem Weg zur Arbeit, und Chris mußte ihnen zu Hilfe kommen.

Ian Lee erzählt: »Geri rammte immer den Randstein und überfuhr rote Ampeln. Ihr ging beim Fahren zuviel anderes durch den Kopf. Diesmal waren zwei Reifen geplatzt, weil sie über den Randstein gerast war. Sie kamen von der Straße ab und landeten im Grünen. Offenbar saß den Mädchen diesmal der Schreck in den Gliedern, aber es dauerte nicht lang, bis sie über den Vorfall lachten.«

Die Mädchen machten sich über alles und jeden lustig. Kurz bevor sich Emma der Gruppe anschloß, lernte sie Mark Verghese in einem Pub kennen. Sie gingen ein paarmal miteinander aus. Emma war verknallt in ihn, und an einem Wochenende, das sie zu Hause verbrachte, schliefen sie miteinander. Natürlich erzählte Emma den anderen davon, und als Mark ein paar Tage später anrief, wurde er mit »Gut gemacht«-Rufen im Hintergrund begrüßt. Im Laufe der Zeit gewöhnte sich Mark daran, daß Mel B oder Geri nach dem Hörer grabschten und ihn mit deftigen Anspielungen neckten.

Fast jeder, der mit Touch in Kontakt kam, erinnert sich an die ungestüme, draufgängerische Art, die zum Markenzeichen der Spice Girls werden sollte. Die Nachbarn erzählen von lauter Musik, schallendem Gelächter und turbulenten Abenden.

Die Mädchen lernten ein paar Jungs aus der Nachbar-

SPICE GIRLS

© Nick Tansley

schaft kennen, als sie auf der Suche nach einer Käsereibe waren, die sie sich ausleihen konnten. Kurze Zeit später tauchten Mel B und Geri vor der Haustür der jungen Männer in langen Mänteln auf. Sie rissen die Mäntel auf und zeigten ihre kurzen Röcke, bunten BHs und Strapse. Den Aufzug vervollständigte eine Schulkrawatte von St. Trinian. Die beiden Girls waren unterwegs zu einem Kostümfest und wollten den Jungs einen kurzen Blick gönnen.

Einer von ihnen erzählt: »Uns blieb die Spucke weg. Sie hatten immer nur Unsinn im Kopf und benahmen sich wie die Irren.«

Mark Brownsmith, ein guter Freund des Hausbesitzers, lernte Mel B bei diesem Kostümfest in St. Trinian kennen. Er war Feuerwehrmann und sah an diesem Abend ausgesprochen cool aus. Sie hatte ein Auge auf ihn geworfen und begann kurz nach dem Kennenlernen eine Affäre mit ihm, die etwa zwei Monate dauerte.

Er erklärt: »Geri und Mel fanden heraus, daß ich bei der Feuerwehr bin, und sie kicherten und zogen mich damit auf. Sie waren genauso wie heute im Fernsehen – sehr laut und vollkommen überdreht. Sie stürmten ins Haus und fingen sofort an, sich über die Leute zu mokieren. Wenn sie Besuch bekamen, stellten sie unglaublich peinliche Fragen, um die Leute hinauszuekeln. Wenn die Betroffenen cool reagierten, ließen sie sie in Ruhe, aber wenn sie rot wurden, verhöhnten sie sie nur noch mehr. Die Mädchen sprachen ständig davon, daß sie eines Tages große Stars sein würden, aber wir nahmen das nicht ernst.

Mel übertrieb mit ihrer Toughness, aber ich durchschaute sie. Sie hatte einen sehr weichen Kern, den sie zu kaschieren versuchte, und einmal erlebte ich, wie sie aus der Fassung geriet. Ich verstand mich gut mit Mel und mochte sie, aber nach zwei Monaten sah mich Mel auf einer Party eines Freundes mit einem anderen Mädchen. Wir gaben uns nur ein Küßchen und umarmten uns, aber Mel machte sofort klar, daß sie nach so was kein Interesse mehr an mir hätte. Kurz danach sah ich sie mit einem anderen Kerl.«

Während Mel B Probleme mit Jungs hatte, waren Emma und Victoria glücklich verliebt. Emmas Beziehung zu Mark Verghese wurde ernster, und Victoria war immer noch mit ihrem Verlobten Mark Wood zusammen. Sie hielten ihre Beziehungen vor Chic geheim, weil er ihnen ständig vorbetete, daß sie sich um ihrer Karriere willen nicht an einen Mann binden sollten. Victoria nahm ihren Verlobungsring ab, wenn Chic in der Nähe war. Was Jungs betraf, brauchte sich der Geldgeber um Mel C keinerlei Sorgen zu machen – sie hatte keinen Freund –, und er mußte auch nicht fürchten, daß sich sein Liebling Geri verliebte. Die anderen Mädchen neckten Geri, weil sie schon so lange im Zölibat lebte.

Als der Winter anbrach, stiegen Chics Ausgaben, und er nahm die Mädchen härter an die Kandare. Er überprüfte noch genauer, wie lange sie täglich arbeiteten, und als Pepi die Anzahl ihrer Unterrichtsstunden erhöhte und sich dreimal in der Woche mit den Möchtegern-Stars traf, bestand er darauf, dabei zu sitzen, um sicherzugehen, daß sein Geld gut angelegt ist. Sobald er sich davon überzeugt hatte, daß sie wirklich hart arbeiteten, erschien er nicht mehr. Aber er war unzufrieden mit dem Aussehen der Mädchen und mit ihrer Performance. Er bestand darauf, daß sie erst eine halbstündige Live-Show perfekt hinkriegen mußten, ehe sie die nächsten Karriereschritte unternehmen konnten – eine enorme Vorgabe für eine neue Gruppe. Als er sich die Choreographie zu einem ihrer Songs anschaute, war er keineswegs beeindruckt und forderte von ihnen, daß sie ihm alle paar Wochen eine Vorstellung geben sollten, damit er ihre Fortschritte überwachen konnte. Die kleinen »Gigs« waren nervenzermürbende Ereignisse, und die Mädchen setzten alles daran, ihrem Geldgeber zu gefallen. Obwohl er schonungslos mit ihnen umsprang, wußten sie zu schätzen, daß sie nur durch Chics Finanzspritzen und seinen Glauben an sie so weit gekommen waren.

Chic bekam die Three Degrees einfach nicht aus dem Kopf. Zwar hatte er sich damit abgefunden, daß er auf langbeinige schwarze Schönheiten verzichten mußte, aber er verlangte von den Mädchen einen Bühnenact, der so flott und raffiniert war wie das, was seine alte Gruppe immer gezeigt hatte.

Ein Mitarbeiter von Trinity erinnert sich an Chics Besorgnis. »Chic war sehr verärgert, weil sie so langsam vorankamen, und am wenigsten gefiel ihm die Choreographie. Nach einem Probedurchgang rief er: ›Nein, nein, nein! Ihr bewegt euch nicht richtig – das ist alles Mist.‹ Dann sprang er auf und zeigte ihnen, wie es seiner Ansicht nach ablaufen sollte. Er hüpfte herum, schnalzte mit den Fingern, bewegte sich vor und zurück. Es war wahnsinnig komisch – ein Mann in den Fünfzigern mit protzigen Klunkern und grauen Haaren erklärt den jungen Dingern, wie man tanzt! Die Mädchen mußten sich wegdrehen und durften sich nicht anschauen, sonst wären sie in schallendes Gelächter ausgebrochen. Es war verrückt.

Emma, Victoria und Mel C fuhren an den Wochenenden meistens nach Hause – das paßte Chic nicht. Auch Geri ärgerte sich darüber. Sie versuchte sie zum Bleiben zu bewegen, damit sie in ihrem Reihenhaus auch am Samstag und Sonntag üben konnten. Chic sagte immer wieder: ›Wie wollt ihr etwas erreichen, wenn ihr die ganze Zeit nichts tut? Warum arbeitet ihr nicht an den Wochenenden? In diesem Spiel kann man sich nicht nach der Stechuhr richten. Ihr müßt schuften, schuften und noch mal schuften, nur dann werdet ihr besser. Ihr seid Glückskinder. Euch ist diese Gelegenheit in den Schoß gefallen, aber ihr müßt härter arbeiten.‹ Er war sehr streng, aber schließlich gab er auch ein Vermögen aus, um sie weiter zu bringen, also hatte er auch das Recht, das Beste von ihnen zu erwarten.«

Chic sorgte aber auch für die Girls. Er bezahlte die Rechnungen und führte sie gelegentlich ganz groß aus. Dann ließen sie den kleinen Fiat Uno stehen und stiegen in Chics blauen Rolls Royce mit Faltdach, um ins West End zu fahren. Chic lud sie in ein feines Restaurant ein und nahm sie anschließend mit in eins der vielen Kasinos, die er kannte. Für die Mädchen waren dies die ersten Einblicke in die glitzernde Welt der Reichen, und sie genossen jede kostspielige Minute.

Auch wenn Chic mit Touch nicht zufrieden war, konnte die Gruppe doch in den folgenden Monaten andere beeindrucken. Die Trinity Studios werden durch Spendengelder und einen Wohltätigkeitsfonds finanziert. Die Geldgeber haben es sich zur Aufgabe gemacht, heimische Talente zu fördern. Während die Mädchen dort probten, gaben sie zwei Vorstellungen für verschiedene Leute. Die erste fand spontan statt, als Ian Lee neun Rundfunkingenieure durch die Studios führte. Er stellte sie den Mädchen vor, und sie sangen begeistert zwei Songs: *We're Gonna Make It Happen* und *Take Me Away.* Sie ernteten stürmischen Beifall und die Anerkennung, die sie so dringend brauchten. Am Tag der offenen Tür, bei dem sich Interessierte die Einrichtungen und Möglichkeiten der Trinity Studios ansehen konnten, zeigten sie zum zweitenmal, was sie konnten. Die Honoratioren der Gegend, auch der Parlamentsabgeordnete von Woking, Sir Cranley Onslow, fanden sich in den Studios ein. Wieder waren die Mädchen ein Hit. Sie hatten zwar nur ein kleines Publikum, doch es waren lebendige Menschen, die applaudierten, und das war besser, als sich vor einem riesigen Spiegel die Seele aus dem Leib zu singen und zu tanzen oder vor Chic, der sich, wie sie genau wußten, verzweifelt wünschte, sie wären alle größer und hätten eine dunklere Hautfarbe.

Shelley D'Silva war bei dem Gig dabei. Sie sagt: »Sie hatten erst ein paar Monate geprobt, und ich war erstaunt, um wieviel besser sie geworden waren. Ich hatte sie nur bei den Castings gesehen, und die Veränderung war unglaublich. Die Tanznummern waren gut und der Sound toll. Sie machten ihre Sache ausgezeichnet und ich dachte: ›Diese Mädchen können's schaffen, sie werden berühmt. Sie hatten hart gearbeitet und waren ehrgeizig. Sie hungerten so sehr nach Erfolg, daß man gar nicht anders konnte, als ihn ihnen zu wünschen.‹«

Diese beiden Auftritte mochten nichts Großartiges gewesen sein, aber die Resonanz genügte den Mädchen. Sie waren heiß darauf, weiter zu kommen, wollten neue Songs schreiben und aufnehmen und nicht am laufenden Band die fünf Songs proben, die nicht einmal für sie geschrieben worden waren. Diese Forderung wurde zum ständigen Streitthema zwischen den Mädchen und dem Management, und die Unzufriedenheit nahm immer mehr zu. Sie baten Pepi, mit ihnen an anderen Nummern zu arbeiten, aber Pepi weigerte sich, weitere Schritte zu tun, bevor die Grundausbildung nicht abgeschlossen war.

Abgesehen von Mel B, die ganz gut am Schlagzeug war, konnte keins der Mädchen ein Instrument spielen, aber texten konnten sie. Dennoch war einer ihrer frühen Versuche chaotisch. Sie fuhren zu Erwin Keiles, um in seinem Haus ein Demotape von *We're Gonna Make It Happen* aufzunehmen. Der ersehnte Tag begann schlecht, als die Mädchen Erwin und seinem Partner einige neue Texte für den Song vorlegten. Sie hatten eine Rap-Version geschrieben, die, wie sie fanden, mehr ihrem Stil und ihrem Alter entsprach, doch die beiden Songwriter waren entsetzt.

Erwin erzählt: »Sie meinten, daß wir manche Wörter verwendet hatten, die junge Mädchen nie sagen würden, deshalb hatten sie sich an die Arbeit gemacht und einige Zeilen umgeschrieben. Wir waren ziemlich sauer, weil sie an unserem Song herumgepfuscht hatten, und ich machte ihnen klar, daß es so in diesem Geschäft nicht abläuft. Man kann nicht einfach einen Song nehmen und ihn nach eigenen Vorstellungen ummodeln. Dann sagte ich: ›Gut, wenn ihr etwas ändern wollt, dann muß man es richtig machen.‹ Uns gefiel der Rap, und zu guter Letzt änderten wir den Text gemeinsam. Sie waren begeistert und freuten sich ehrlich, endlich im Studio zu sein. Man merkte ihnen an, daß sie glaubten, dies wäre ein großer Schritt nach vorn. Sie waren ziemlich albern, aber sie machten ihre Arbeit, und wir brauchten etwa sechs Stunden für die Aufnahme. Geri schien diejenige zu sein, die allen anderen sagte, wo's lang geht. Wir zeichneten den Song digital auf, also war die Qualität ausgezeichnet, und als wir den fertigen Song abspielten, fanden ihn die Mädchen phantastisch.«

Eine andere frühe Bekanntschaft mit der Studioarbeit macht die Gruppe, als Ian Lee, der im Auftrag einer Firma namens Perfect Vision ein Jingle für ein Trainingsvideo aufnahm, die Mädchen aufforderte, mitzumachen. Sie sangen nur den Namen der Firma, aber die wenigen Stunden im Studio waren eine willkommene Abwechslung von den langweiligen Proben.

Als die Performance der Mädchen professioneller wurde, kündigte Chris an, daß sie jetzt so weit seien, bei einer Show vor Textern, Komponisten und Musikverlegern ihr Können zu zeigen. Das Ziel war, Künstler zu finden, die mit Touch zusammenarbeiten und ein Album zusammenstellen würden. Es würde Monate dauern, bis die Songs geschrieben waren, doch wenn das Album erst einmal komplett war, wären sie bei Verhandlungen mit Plattenfirmen in einer starken Position und könnten einen lukrativen Deal abschließen. Die Mädchen hätten natürlich auch eine Coverversion veröffentlichen können – die meisten Boy Bands waren so in den Markt eingestiegen –, aber Chic und die Herberts blieben dabei: Die Mädchen hatten nur eine Chance, sich längerfristig zu behaupten, wenn sie mit Originalmaterial arbeiteten.

Die Proben gingen vor dem Showkonzert, das für Anfang Dezember festgesetzt war, mit erhöhtem Druck weiter. Zu der starken Belastung kam wenige Wochen vor dem Event ein Schock, als sich Mel C nach wiederholten Halsentzündungen die Mandeln herausnehmen lassen mußte. Ihre Stimme war von dem vielen Singen arg in Mitleidenschaft gezogen, und sie hatte entsetzliche Angst, daß sie sie ganz im Stich lassen würde. Aber die Operation löste das Problem, und Mel erholte sich rasch wieder. Um das Konzert und die Entwicklung der Gruppe zu dokumentieren, wurde eine Kamera-Crew von Rave Productions angeheuert. Die Mädchen wurden bei den Proben in den Trinity Studios gefilmt und in Interviews nach ihren Hoffnungen für die Zukunft befragt. Eine nach der anderen setzte sich auf einen roten Plastikstuhl, der im Studio stand, und enthüllte ihre Gedanken und Träume. Victorias Erscheinungsbild unterschied sich am meisten von ihrem heutigen Spice Girl-

Look. Damals hatte sie langes Haar, war bedeutend molliger – sie hatte bei weitem nicht die schlanke, schicke Spice-Figur –, und sie lächelte sogar für die Kamera! Sie sagte unschuldig: »Wir alle arbeiten sehr, sehr hart. Wir sind wirklich ehrgeizig, und das ist gut so. Keine von uns ist faul. Wir wollen einfach weitermachen und in *Smash Hits* und *Top of The Pops* sein und so was.« Emma erklärte mit sanfter Stimme: »Ich will zweifellos ganz groß rauskommen, wirklich ganz groß. Ich denke, wir alle sind super, und wir können es schaffen, wenn wir hart arbeiten. Ich hoffe, daß wir weiterhin zusammenarbeiten können und richtig gut vorwärtskommen.«

Beide Mädchen machten einen schüchternen, nervösen Eindruck, aber Geri war super selbstbewußt. Sie drehte den Stuhl um, setzte sich rittlings drauf und hatte die Stirn, offen von dem Mann zu reden, der die Gruppe finanziell unterstützte. »Ich halte Chic für einen sehr cleveren Mann, und ich denke, man darf ihn auf keinen Fall unterschätzen. Er hat's schon einmal geschafft, und er redet dauernd von den Three Degrees – ich bin sicher, ihr werdet die Story noch hundertmal hören. Seine Ideen sind gut, aber ein bißchen überholt, das ist alles.« Sie schlug mit der rechten Hand auf die Stuhllehne und fügte hinzu: »Ich bin ein total motivierter und enthusiastischer Mensch. Die Zeit läuft mir davon – ich *muß* etwas erreichen. Ich bin ein echter Wannabe. Ich bin scharf auf Erfolg – ich brauche Futter für mein Ego.«

Geri war erst zweiundzwanzig, als sie dieses Interview gab, trotzdem war sie überzeugt, daß ihre besten Jahre ungenutzt verstrichen. Sie fand, daß sie lange genug auf den Ruhm gewartet hatte, und jetzt, da er in Reichweite zu sein schien, wollte sie so bald wie möglich zugreifen. Sie wollte Action, und zwar sofort. Das war die Wurzel der Probleme, die zwischen der Gruppe und dem Management bestanden, und dieses Interview offenbarte die ersten Anzeichen der Unruhe, die den Tod für Touch bedeutete und den Spice Girls Leben einhauchte.

Girl Power

Während der Vorbereitungen für den Auftritt wurde die Frustration immer offensichtlicher, besonders bei Geri und Mel B. Das Management ging dazu über, die Probedurchgänge für die Vorstellung zu überwachen, und Mel machte ostentativ nur bei bestimmten Nummern einige Tanzbewegungen und zeigte so wenig Leistung wie möglich. Wenn sie von demjenigen, der gerade die Proben beobachtete, beiseite genommen und aufgefordert wurde, sich mehr anzustrengen, erwiderte sie: »Das brauche ich nicht. Ich mach das mit links, wenn's so weit ist. Ich kann alles, wenn ich muß.«

Im November steckten Mel Bs Unlust und Geris wachsender Ärger die ganze Gruppe an. Sie hatten seit Juni zusammen trainiert – Emma war seit September bei ihnen –, und sie wußten, daß sie etwas geleistet hatten und gut waren. Ihre Gesangsstimmen hatten sich dank Pepis Unterricht unglaublich verbessert, und ihre Tanz-Performance war flott und sexy. Und noch dazu waren sie alle gute Freundinnen geworden. Sie hatten dasselbe Ziel, glaubten fest an sich, und sie waren bereit, sich krank zu schuften für das, was sie wollten. Am Anfang waren Geri und Mel B wie zwei positiv geladene Pole gewesen, die sich abstoßen, weil sie sich in ihrem Wesen sehr ähnlich waren, aber im Laufe der Monate entwickelte sich eine enge Freundschaft zwischen ihnen. Sie gingen an den Wochenenden gemeinsam zu Parties, Raves und in Clubs, während die anderen die Zeit mit ihren Freunden oder Familien verbrachten. In dieser Zeit waren die beiden starken Persönlichkeiten zu einer mächtigen Kraft verschmolzen, die die Verantwortung für Touch übernehmen wollte.

Pepi Lemer war eine Art Mutterrolle zugefallen, als sie die Mädchen näher kennenlernte. Sie lud sie oft zum Frühstück oder Mittagessen ein und kochte ihnen gesunde Mahlzeiten, wenn der Unterricht bei ihr zu Hause stattfand. Sie lieh ihnen ihre Klamotten aus. Während der Unterrichtspausen unterhielten sie sich über Alltägliches – Freunde, Familien, Mode, Neuigkeiten, die in den Zeitungen standen –, und die Mädchen vertrauten ihr an, daß sie Angst um ihre Zukunft hatten.

Pepi erinnert sich: »Sie waren schrecklich frustriert und unglücklich. Besonders Geri wollte die Dinge vorantreiben. Sie sagte: ›Wir müssen etwas unternehmen. Chic ist altmodisch. Wir müssen uns von diesen Jungs trennen und allein weiter machen. Es passiert nichts – wir verschwenden nur unsere Zeit. Wir müssen uns nach anderen Leuten umschauen.‹ Sie war wildentschlossen.

Ich riet ihnen, Power zu zeigen und die Jungs anzurufen, wenn sie mit etwas unzufrieden waren. In persönlichen Gesprächen könnten sie dann die Probleme ausdiskutieren und auf anständige Weise aus der Welt schaffen. Ich schlug vor, daß sie alles, was ihnen nicht paßte und was sie forderten, aufschreiben sollten. Geht professionell vor, sagte ich, und laßt euch nicht manipulieren. Ihr braucht nichts zu tun, was ihr nicht tun wollt. Ich benutzte das Wort »Power« ziemlich oft. Vermutlich sprach ich nur das aus, was sie ohnehin schon wußten, aber ich drückte es ein wenig sachlicher aus. Geri jedenfalls ahnte längst, daß etwas geschehen mußte.

Kurz danach listete Mel B die Kritikpunkte auf, und die Mädchen hatten eine Unterredung mit Chic, Bob und

Chris. Geri und Mel B waren die Wortführer, und sie waren ziemlich überzeugend – sie legten ihren Fall offen und deutlich dar. Eines Tages kam es zu einer hitzigen Debatte in ihrer Küche. Bob fragte sie, was sie verändern wollten, und die Mädchen hielten ihm vor, daß alles so langsam voranginge. Er erklärte: »Ihr könnt nicht einfach drauflosstürmen, weil ihr noch nicht so weit seid.« Sie waren offensichtlich ganz anderer Meinung.

Einmal redeten wir von Schicksal und den Dingen, die passieren, weil sie vorherbestimmt sind. Ich sagte: »Man kann nichts weiter tun, als sein Bestes geben, so engagiert wie möglich sein, Power zeigen und sich anstrengen.« Sie waren so begierig auf Erfolg, und als ich all die unglaublich erwartungsvollen Gesichter sah, setzte ich hinzu: »Ihr könntet die Bee Gees, Stevie Wonder und Celine Dion in einem sein, das würde noch lange nicht bedeuten, daß ihr es auch wirklich schafft. Es gibt keine Garantien in diesem Geschäft. Es ist eine Lotterie. Nur einer von hundert Millionen kommt ganz nach oben. Egal, wie gut ihr seid, ihr braucht in jedem Fall eine Menge Glück.«

Weise Worte – das Glück sollte sich tatsächlich als entscheidender Faktor erweisen.

Das Showkonzert sollte am 7. Dezember bei NOMIS stattfinden. Kurz vor dem großen Tag zeigten die Mädchen ihren kompletten Auftritt in Kostümen vor dem Management, Pepi und den Mitarbeitern der Trinity Studios. Es war ein Riesenerfolg. Pepi war sehr stolz, und Chris und Bob schienen zufrieden zu sein. Alle waren beeindruckt, nur Chic nicht – er meinte nach wie vor, daß sie noch nicht gut genug seien. Aber welche Einwände Chic auch immer vorbrachte, es war nicht mehr zu leugnen, daß Chris Herberts Traum Gestalt angenommen hatte. Vor einem Jahr war er durch die Straßen gewandert und in die Tanzschulen gegangen mit seinen Flugblättern und neuen Ideen. Jetzt hatte er für alle sichtbar eine Sing- und Tanzgruppe gegründet, auf die er stolz sein konnte. Klar, die Mädchen brauchten noch den Feinschliff und ein bißchen Styling, aber sie waren bereit für Phase zwei, und das war das wichtigste. Wie Chris bei der Videodokumentation über die Gruppe bestätigt hatte, war das Showkonzert der nächste entscheidende Schritt in seinem Plan. Danach würden sich Geschäftsverbindungen ergeben, die den Mädchen ermöglichten, ihre eigenen Songs zu schreiben. Und in diesen Songs würde sich der unverwechselbare Stil und die Ausstrahlung der Mädchen zeigen. Dann wären sie bereit für den großen Stapellauf.

Am Abend vor dem Konzert fuhr Shelley in die Boyn Hill Road, um mit den Girls zu besprechen, was sie anziehen sollten. Als Stylistin konnte sie ihnen Ratschläge geben, wie sie ihr Image am besten unterstreichen konnten, aber heute gesteht sie ein, daß die Mädchen nicht viel Hilfe brauchten, weil sie alles selbst schon entschieden hatten. Sie hatten zwanglose Kleidung ausgewählt – Jeans oder dunkle Hosen, nur die sportliche Mel C trug eine schwarze Trainingshose. Geri, Victoria und Mel B hatten verschiedenfarbige Adidas-T-Shirts an – Geri und Mel B bauchfreie. Mel C und Emma trugen Westen. Mel B und Emma hatten umgedrehte Baseballkappen auf dem Kopf, Emmas sah aus, als wäre sie ihr zu groß. Sie stimmten mit Shelley überein, daß sie möglichst neutral gekleidet sein sollten, damit nicht ein einzelnes Mädchen besonders auffiel. Das hätte womöglich den Eindruck erweckt, Touch bestünde aus einer Leadsängerin und einem Chor. Das letzte, was die Mädchen wollten, war als Abklatsch von Take That angesehen zu werden, bei denen sich vier Statisten um das große Talent geschart hatten.

Die Mädchen baten Pepi, vor dem Konzert in die NOMIS Studios zu kommen und mit ihnen ein paar Warmup-Übungen zu machen. Pepi brachte ihre Tochter Dani, eine qualifizierte Kosmetikerin, mit, die den Mädchen mit dem Make-up helfen sollte. Zuerst lehnte Mel C ab, geschminkt zu werden, weil man ihr einmal gesagt hatte, daß Make-up nicht zu ihr paßt, aber dann gab sie doch nach, um nicht wie ein Gespenst neben den anderen auszusehen.

Das Adrenalin strömte durch die Adern der Mädchen an dem großen Tag, und das zeigte sich auch in ihrer Performance. Sie war temperamentvoll und beinahe fehlerlos. Sie sangen selbstsicher, und ihre Tanzschritte wirkten flüssig und schwungvoll. Mel C machte bei einer Nummer ihren Salto rückwärts, aber die beste Vorstellung sparten sie sich für die Zeit nach dem Gig auf. Die Mädchen sprudelten über vor Charme und Witz. Sie flirteten und scherzten mit den Musikfachleuten und knüpften ihre Kontakte wie echte Profis.

Erwin Keiles und Peter Thirkell waren auch da. Erwin erzählt: »Sie haben ihre Sache wirklich gut gemacht, und es wurde bekannt, daß die Mädchen unsere Songs gesungen hatten. Deshalb kamen etliche Leute an diesem Tag auf uns zu. Die Mädchen machten die Runde und unterhielten sich mit den Gästen – manchmal bekamen wir ein paar Wortfetzen mit. Sie plapperten drauflos, als hätten sie ihren ersten Millionenseller schon auf den Markt gebracht und wären nun auf der Suche nach einem Songwriter, der das nächste Album für sie zusammenstellt. Sie waren sich ihrer Sache unglaublich sicher. Sie waren so selbstbewußt und unverfroren, daß jeder gedacht haben muß, sie hätten schon einen großen Plattenvertrag in der Tasche, dabei waren sie blutige Anfänger.«

Das Konzert war ein durchschlagender Erfolg, und die Mädchen hatten bei einer ganzen Reihe von wichtigen Persönlichkeiten, die ihre Zukunft enorm beeinflussen sollten, einen starken Eindruck hinterlassen. Viele Texter und Komponisten erklärten sich nur allzu gern bereit, mit ihnen zu arbeiten – das Feedback war überwältigend positiv. Mehr wollten die Mädchen nach all den Monaten der Schufterei in leeren Räumen mit großen Spiegeln nicht hören. Die Anerkennung von respektierten Größen der Branche war unschätzbar, und die Zukunftsaussichten waren atemberaubend. Auch das Management wollte genau das hören, und in den folgenden Wochen machten sie Termine mit verschiedenen Songwritern. Sie ahnten noch nicht, daß sie sich ihr eigenes Grab geschaufelt hatten, als sie ihre Mädchen der Musikindustrie vorstellten.

Die Stimmung schien sich nach dem Konzert zu wandeln. Die Mädchen strotzten vor Selbstvertrauen und wurden unabhängiger – sie hatten ihre Unsicherheit verloren. In den Tagen vor Weihnachten zeichnete sich für die Mitarbeiter von Trinity ab, daß die Gruppe dem Management entglitt. Die Mädchen hatten sich zu einer verschworenen Gang entwickelt, und Geri war ihre unangefochtene Anführerin und Mel B die Stellvertreterin. Die Gruppe entwickelte Eigendynamik, und brauchte niemanden mehr, der sie herumkommandierte. Sie organisierten selbst eine Vorstellung für die Schüler von Emmas Mutter im Karateclub in Finchley. Ihr Publikum bestand aus Kindern und Halbwüchsigen, aber die Show war ein Hit und stärkte die Moral noch mehr.

Die Mädchen hatten kurz vor Weihnachten die letzte Gesangsstunde bei Pepi, und das nur, weil Geri – hellwach wie immer – alle Termine notiert und realisiert hatte, daß ihnen noch zwei Stunden zustanden. Statt die Sache auf sich beruhen zu lassen und die Weihnachtsstimmung zu genießen, rief sie Pepi an und schlug vor, sich ein letztes Mal in ihrem Haus zu treffen. Sie sangen gut und schienen überzuschäumen vor Optimismus. Als die Stunde zu Ende war, überreichten sie Pepi eine Karte, auf der stand: *»Danke für alles, ohne Sie hätten wir es nicht geschafft.«* Dann umarmten sie sie, und Pepi wünschte ihnen viel Glück. »Wir waren nicht die besten Kumpel, aber ich hatte das Gefühl, daß wir uns ziemlich nahe gekommen sind«, sagt Pepi heute. »Ich habe beobachtet, wieviel sie in all den Monaten investiert hatten.«

Zu Weihnachten fuhren Emma, Mel C und Victoria zu ihren Familien und Freunden, Geri und Mel B buchten einen Billigurlaub in Gran Canaria. Dieser gemeinsame Urlaub in den Tagen, die eigentlich der Familie gehören sollten, war ein Beweis für ihre enge Freundschaft. Zweifelsohne war die Zukunft der Gruppe das Hauptthema, wenn sie nicht gerade wilde Parties feierten. Und mit Sicherheit stimmten die beiden Mädchen darin überein, daß es höchste Zeit war, mit Girl Power das Ruder in die Hand zu nehmen.

Nach Weihnachten und Silvester fanden sich die Mädchen wieder in der Boyn Hill Road ein, und das Management vereinbarte Gespräche mit Songwritern. In dieser Zeit lernten sie auch Richard Stannard und Matthew Rowe kennen, in der Branche besser bekannt als Biff und Matt. Sie verstanden sich auf Anhieb, und diese Partnerschaft sollte zu einer der produktivsten in der Karriere der Gruppe werden. Biff und Matt schrieben später so große Hits wie *Wannabe* und *2 Become 1.*

Ein anderer Texter und Musiker, der mit den Mädchen

bereits zusammenarbeitete, war Tim Hawes. Er erkannte schon früh, daß die Mädchen das Talent hatten, selbst Songs zu arrangieren, und er erlebte das Zerwürfnis zwischen der Gruppe und den ersten Managern mit. Tim hatte die Mädchen zum erstenmal bei dem Konzert gesehen und anschließend mit ihnen bei Trinity zusammengearbeitet. Er hatte schon früher einen Song mit dem Titel *Sugar and Spice* konzipiert, aber erst die Chorstimmen vervollständigt, als er sich mit den Mädchen zusammentat.

Tim berichtet: »Wir feilten ein paar Tage an dem Song. Die Mädchen dachten schon seit Ewigkeiten über einen Namen für die Gruppe nach – Touch gefiel ihnen nicht. Sie hatten eine Menge Ideen, konnten sich aber nicht entschließen. Ich hielt ›Spice‹ für einen guten Namen, und mitten bei der Arbeit sagte ich: ›Wie wär's mit Spice?‹ Alle fünf schienen sofort darauf anzuspringen. Sie meinten: ›Hmm, ja, das könnte gehen.‹ Das war alles. Eine Weile grübelten sie noch, dann wurde ihnen klar, daß sie den Namen wirklich mochten. Chris kam später ins Studio, und sie eröffneten ihm, daß sie sich zukünftig ›Spice‹ nennen würden. Er schien einverstanden damit zu sein. Ich dachte nicht mehr darüber nach, und die Mädchen erwähnten die Sache nie wieder.

Sie waren echt gut bei der Arbeit, und ihre Ideen für Texte und Melodien sind wahrscheinlich unübertroffen. Wir setzten uns mit Papier und Stift hin und gingen das Material durch, das ich schon hatte. Ich würde sagen, Geri war die beste, was das Texten anging. Etwa sechzig bis siebzig Prozent der Texte, die wir zusammen entwickelt haben, stammen von ihr. Mit dem Sound und den Melodien kam sie nicht gut zurecht – sie war keine große Sängerin, aber sie schrieb pfiffige Texte. Mel B war auch gut, und Mel C war bei weitem die beste Sängerin mit

Gefühl für die Melodien. Ich schrieb noch an einem anderen Titel *Is This Love*, und da ich ihre Stimme mochte, bat ich Mel C, ihn für mich zu singen. Die anderen Mädchen summten im Hintergrund.«

Tim stellte zwei Songs mit den Mädchen fertig, der dritte verursachte Probleme und blieb unvollendet. Er gefiel den Mädchen nicht, und als das Management darauf bestand, daß sie ihn aufnehmen sollten, wurden sie sauer. Wie ich die Sache beurteilte, waren sie so weit, daß sie ihren eigenen Stil entwickelten. Sie hatten sich lange genug mit Titeln herumgeschlagen, die sie nicht besonders mochten, und jetzt wurde es Zeit, daß sie sangen, was *sie* wollten.

Der Song war nur eines von vielen Dingen, mit denen die Mädchen unzufrieden waren. Anfang 1995 gab es auch zermürbende Verhandlungen über einen Vertrag. Bis dahin hatte es keine schriftlichen Abmachungen gegeben, obwohl sich die Mädchen das gewünscht hätten, aber Chic hatte sich geweigert, etwas zu unterschreiben, bevor er sich nicht überzeugt hatte, daß die Gruppe einsatzbereit war. Als dann schließlich über einen Vertrag geredet wurde, hatten die Mädchen kein Interesse mehr daran. Inzwischen hatten sie ihre eigenen Ideen, wie ihre Zukunft ablaufen sollte. Ian Lee erinnert sich: »Die Mädchen redeten oft mit mir und Tim über ihre Vertragsprobleme – sie waren mit dem Deal, den man ihnen angeboten hatte, nicht einverstanden. Bis zu diesem Zeitpunkt hatte nur ein Gentleman Agreement bestanden, und jetzt bot ihnen das Management einen Vertrag an, der sie für ganze fünf Jahre binden würde. Den Mädchen war der Zeitraum zu lang. Sie fragten mich, was ich davon halte, und auch ich fand fünf Jahre zu lang. Normal haben derartige Verträge eine Laufzeit von zwei oder drei Jahren.«

Die Schwierigkeiten brodelten unter der Oberfläche, während die Gruppe ihre Songs schrieb. Sie gewannen immer mehr an Selbstvertrauen, und von allen Seiten bekamen sie zu hören, daß sie das Talent hatten, es bis ganz nach oben zu schaffen. Geri kämpfte bei den Auseinandersetzungen mit dem Management in vorderster Reihe und schlug so viele Wellen, daß man sich schon Gedanken machte, ob sie ersetzt werden sollte. Ob Geri von diesen Überlegungen zum damaligen Zeitpunkt wußte, ist nicht bekannt.

Tim Hawes sagt: »Das Management sah Geri als Unruhestifterin an. Falls sie befürchteten, daß sich die Gruppe von ihnen trennen wollte, dann betrachteten sie Geri sicherlich als Rädelsführerin bei dieser Verschwörung. Sie nahm nie ein Blatt vor den Mund, und ich bin sicher, daß die anderen sich ohne Geri und Mel Brown niemals abgesetzt hätten. Geri war keine talentierte Sängerin oder Performerin, aber ihr Ehrgeiz und ihr enormes Engagement machten sie für die Band so wertvoll. Es erwies sich, daß dies zum Erfolg führen sollte. Chris und Bob sahen in Geris Griff nach der Führungsrolle eine große Bedrohung.

Wenn es Diskussionen gab, war immer Geri diejenige, die Chris Paroli bot. Sie war das Sprachrohr der Band. Und Geri und Mel zusammen waren eine tödliche Waffe.«

Der Krach kam Ende Februar, Anfang März. Es wurde immer deutlicher, daß die Mädchen den Entschluß gefaßt hatten, sich von ihrem Management zu trennen. Den Mitarbeitern von Trinity fiel auf, daß sich die Girls nicht zur gewohnten Zeit in den Studios blicken ließen. Kein Mensch wußte, wo sie steckten. Am Freitag, dem 3. März, übernahmen die Mädchen offiziell die Leitung der Band. Tim Hawes und Ian Lee waren dabei, als der letzte Akt der Zusammenarbeit mit dem Management ablief.

Tim erzählt: »Die ganze Zeit hatte man ihnen Songs aufgezwungen. Sie gaben sich am Anfang mit den Titeln von Erwin Keiles zufrieden, weil sie neu und begierig darauf waren, es allen recht zu machen. Doch sobald sie zu einer verschworenen Gemeinschaft wurden, hatten sie eine ungeheure Power, und sie wollten selbst Entscheidungen treffen und nicht dem folgen, was Chris und Bob für ihre Zukunft geplant hatten.

In den letzten beiden Wochen überlegten sie, schätze ich mal, nur noch, *wie* sie sich aus dem Staub machen und sicherstellen sollten, daß sie Kopien von all ihren Songs hatten, mit denen sie sich bei anderen Unternehmen bewerben konnten.

Die Mädchen kamen am Freitag nachmittag ins Studio. Mir hatte man die Anweisung gegeben, ihnen keine Playbackbänder oder Aufnahmen von fertigen Songs zu überlassen. Offensichtlich war das Management bereits argwöhnisch und beobachtete genau, was die Mädchen vorhatten. Geri kam so um die Mittagszeit und schwatzte mir mit ihrem Charme die Playbackbänder ab. Sie behauptete, sie würden sie brauchen, um ihre Tanzschritte auf den Rhythmus abzustimmen. Zum Schluß gab ich ihr auch noch die Tapes von *Sugar and Spice*.

Zehn oder fünfzehn Minuten später entstand unten ein Tumult, der ohne Zweifel inszeniert war. Sie hatten eine lautstarke Auseinandersetzung. Sie stritten, weil sie angeblich nicht mehr zusammenarbeiten konnten. Es war richtiger Kinderkram und offensichtlich gespielt. Das ging mir damals sofort durch den Kopf, weil sie überdramatisch agierten. Sie stürmten schreiend aus dem Haus, und das war's dann. Sie waren weg, und niemand bekam sie je wieder zu Gesicht. Plötzlich war alles klar. Sie hatten sich all die Sachen geholt, die sie brauchten, um sich selbst zu promoten, und sie hatten sich offenbar vorgenommen, nicht mehr länger in den Studios herumzulungern.«

Das war das letzte, was Trinity und die Manager von den fünf Mädchen zu sehen bekamen. Später wurde das Haus in der Boyn Hill Road leer aufgefunden, und die Nachbarn erzählten, daß die Mädchen zum Abschied hupend davongefahren waren. Das nächste Lebenszeichen, das die Mädchen von sich gaben, war ein Anwaltsbrief, in dem erklärt wurde, daß sie ihre Geschäftsverbindung zu Chic und Chris und Bob Herbert formell auflösen wollten. Es war ein trauriges und brutales Ende, und die endgültige juristische Trennung wurde ein paar Monate später in gegenseitigem Einvernehmen und offenbar zur Zufriedenheit aller Beteiligten vollzogen.

Für die drei Männer, besonders für Chris, war das das Ende eines Traums. Seine fünf Mädchen hatten all den Vorgaben, die er aufgestellt hatte, perfekt entsprochen: Sie waren gewitzt, aufgeschlossen, ambitioniert und engagiert. Aber mit einem hatte er nicht gerechnet – mit der all umfassenden Girl Power.

Gonnabes

Während Chris, Bob und Chic ihre Wunden leckten und ihre finanziellen Verluste ausrechneten, schwelgte die umbenannte Gruppe Spice in ihrer neugewonnenen Freiheit. Die Mädchen hielten die Verabredung mit Eliot Kennedy ein, die kurz vor ihrem überstürzten Weggang von Trinity getroffen worden war. Es war eine fruchtbare erste Session, die den Anfang einer ertragreichen Zusammenarbeit markierte. Kennedy schrieb letztendlich zwei Songs – *Love Thing* und den Megahit *Say You'll Be There* – für das Debütalbum der Spice Girls.

In den folgenden Monaten waren die Mädchen unermüdlich auf Achse, knüpften Kontakte, schrieben Songs und bereiteten Demotapes vor, mit deren Hilfe sie ein neues Management und einen großen Plattenvertrag an Land ziehen wollten. Sie arbeiteten mit Stannard und Rowe zusammen und schrieben *Wannabe*, den Song mit dem passenden Titel, der die Antwort auf ihre Träume sein und ihr Leben verändern sollte.

Geri hielt die Zügel fest in der Hand und verlangte den Mädchen viel ab. Sie war so unerbittlich und fordernd wie ihre früheren Manager. Als Victoria übers Wochenende zu ihrem Freund Mark fahren wollte, wurde Geri wütend. Die Gruppe sollte *Wannabe* aufnehmen, deshalb rief Geri wiederholt zu Hause an. Victoria regte sich auf, und ihre Mutter schritt ein und machte Geri klar, daß sie eine Popgruppe, nicht eine »religiöse Sekte« seien. Victoria verbrachte das Wochenende mit ihrem Verlobten, aber die Beziehung endete kurz darauf, und sie widmete sich nur noch der Band.

Falls die Mädchen geglaubt hatten, es wäre nach der Trennung von ihren Managern nur ein Katzensprung in die Charts, so wurden sie enttäuscht. Es dauerte viele, wahrscheinlich frustrierende und sorgenvolle Monate, bis sie einen neuen Manager gefunden hatten, mit dem alle einverstanden waren. Sie hatten einem Management den Rücken gekehrt, das sie finanziell unterstützt und ihnen ein Heim geboten hatte, um in Freiheit zu leben, aber diese Freiheit brachte auch Unsicherheit mit sich. Sie trafen sich mit etlichen Größen aus der Plattenindustrie und sangen ihnen *a cappella* vor, aber ein Vertrag war nicht in Sicht. Emma stellte die Gruppe sogar ihrem früheren Theateragenten vor.

Der Mut und das Durchhaltevermögen der Mädchen wurden schließlich belohnt, als sie gegen Ende des Sommers Simon Fuller vorgestellt wurden, dem Mann, der ihre Träume zur Realität machen sollte. Fuller war schon lange, bevor er auf Spice stieß, ein äußerst erfolgreicher Musikmanager gewesen. Seinen Beginn in der Musikbranche hatte er bei Chrysalis Records, ehe er kündigte, um einen jungen Musiker namens Paul Hardcastle zu managen. 1985 hatte Hardcastle einen Nummer-eins-Hit in Großbritannien und wurde weltweit mit seiner eigenartigen Single *Nineteen* bekannt. Fuller gründete eine Managementagentur unter demselben Namen – *19* – und nahm etliche zukünftige Top-Künstler unter Vertrag. Er machte Cathy Dennis zum internationalen Star und führte Annie Lennox in ihre Solokarriere. Aber für einen Mann, der hinter so vielen großen Stars steht, ist über Fuller erstaunlich wenig bekannt. Er ist jetzt Mitte Dreißig, und die Leute, die ihn persönlich kennen, beschreiben ihn als bescheidenen, anspruchslosen Mann, der es vorzieht, wenn das Rampenlicht auf seine Künstler und nicht auf ihn gerichtet wird. Eines allerdings weiß man von ihm, nämlich, daß er eine gute Nase für Talente sowie das Geschick und die geeigneten Verbindungen in alle Welt hat, um das Potential dieser Talente zu maximieren. Nachdem er sich die Demos von Spice angehört hatte, wußte er, daß die eine ganz besondere Gruppe mit dem gewissen Etwas war, und seine Firma *19 Management* nahm sie unter Vertrag. Danach bewies er sein goldenes Händchen, indem er das Ruder übernahm und die Mädchen auf direktem Weg zum Gipfel des Erfolgs führte und absolute Megastars aus ihnen machte.

Nach kürzester Zeit hatte Fuller einen phantastischen Vertrag für die Band mit Virgin Records abgeschlossen. Die Vorauszahlung allein soll, wie verlautet, 500 000 Pfund betragen haben. Das war eine wahrhaft bemerkenswerte Wende. Es war noch nicht einmal ein Jahr her, daß sich die Mädchen bei Trinity abgeplagt und von einer eigenen Platte geträumt hatten, und jetzt wurde alles wahr. Kurz nachdem der Vertrag unterschrieben war, wurde eine finanzielle Vereinbarung mit den früheren Managern getroffen, die sie für die investierte Zeit und die Ausgaben entschädigen sollte. Die Details dieses Deals wurden immer strikt geheimgehalten, aber man sagt, daß Chic und die Herberts zufrieden mit der Abfindung waren und keinen Groll mehr gegen die Mädchen hegten. Sie nehmen die Angelegenheit eher von der philosophischen Seite und meinen, sie hätten die Gruppe zusammengewürfelt und geformt, aber den Rest hätten die Mädchen ganz allein gemacht.

Als die Mädchen, Fuller und Virgin Records eine Strategie planten, wie sie die Gruppe in der Öffentlichkeit bekannt machen sollten, wurden sie mit einem Problem konfrontiert: Unglücklicherweise nannte sich schon ein amerikanischer Rapper »Spice«, und deshalb mußte die Band ihren Namen ändern. Niemand weiß, wer den essentiellen Zusatz vorschlug, aber die Verwandlung von den ungewollten Wannabes zu den ausersehenen Gonnabes mit einem Plattenvertrag war vollzogen, als die Gruppe die Spice Girls wurden.

Virgin präsentierte stolz die neue Gruppe in einem Festzelt neben der Kempton-Park-Rennbahn in Surrey. Eine Pferderennbahn war ein eigenartiger Ort für die Vorstellung einer neuen Popgruppe, aber vielleicht hatte sich Virgin gerade für diesen Schauplatz entschieden, um zu zeigen, wie sie die Spice Girls sahen – als Vollblüter in ihrem Stall voller Talente. Was immer auch der Grund gewesen sein mochte, die Mädchen zeigten an diesem Tag, wie ihr Rennen zum Ruhm ablaufen würde: laut, wild und humorvoll. Ihr erster offizieller Fototermin fand vor der Bronzestatue des legendären Rennpferdes Desert Orchid statt. Die Werbeidee, die dahintersteckte, war: Die ehemalige Legende der Rennbahn trifft auf die zukünftige Poplegende. Geplant war ein nettes Foto, das in einigen Zeitungen mit einem kurzen, wohlwollenden Text erscheinen sollte. Aber die Spice Girls rissen die Regie über den Fototermin in ihrer unnachahmlichen Art an sich. Sobald die Fotografen den vorgeschriebenen Shot gemacht hatten, bestimmten die Mädchen den weiteren Kurs und kletterten auf die ehrwürdige Statue. Die Ordner von Kempton Park und die vornehmen Rennbesucher waren pikiert. Für wen, um alles in der Welt, hielten sich diese Gören? Wie konnten sie sich erlauben, auf dem Denkmal des größten Rennpferdes aller Zeiten herumzuklettern? Es war unfaßbar.

Die von den Spice Girls »aufgepeppten« Pressefotos

verursachten einen leisen Aufruhr. Sie erschienen am nächsten Tag in den meisten nationalen Blättern, und lokale Fernsehsender berichteten von dem Eklat. Die Girls hatten damit den ersten Beweis erbracht, daß sie im Rennen um Publicity – wie Desert Orchid – jedem um Längen voraus waren. Willkommen in der turbulenten Welt der Spice Girls!

Gerüchte über Virgins heiße neue Band hatten in der Musikbranche und den Popmedien bereits die Runde gemacht. Anfang 1996 wurde es Zeit, die Nachrichten in ganz Britannien und der Welt zu verbreiten. Eine groß angelegte Kampagne wurde in Gang gesetzt, mit dem Ziel, die Spice Girls noch vor der Veröffentlichung von *Wannabe* zum Topthema zu machen. Es war eine wohl durchdachte, brillante Werbestrategie.

Die Mädchen gingen zur alljährlichen Verleihung der Brit Awards in London. Natürlich waren sie keine Anwärterinnen für die Trophäen, aber Virgin nutzte die Gelegenheit, um sie herzuzeigen und dafür zu sorgen, daß sie im Gespräch bleiben. Es war ein phantastisches Erlebnis für die Mädchen, obwohl nur wenige Leute wirklich Notiz von ihnen nahmen – immerhin wurden ständig irgendwelche Künstler unter Vertrag genommen, und immer kündigte man *die* ganz große Sache an, ohne das Versprechen einzuhalten. Wieso sollte das bei den Spice Girls anders sein?

Wannabe wurde als erste Single ausgewählt, und das Video dazu entstand in Pancras, Nord London. Die Mädchen setzten sich deutlich ab von den vordergründig erotischen, sexy Images anderer Mädchenbands. Sie wollten sich in dem Video extravagant und ungezogen, spontan und witzig darstellen und die Eigenheiten der Gruppe und des Songs herausstreichen. Das Video wurde als erstes vom Musikkanal The Box ausgestrahlt und traf sofort den Nerv der Zuschauer. Es wurde so populär, daß Vincent Monsey, der Direktor des Senders, es siebzigmal in der Woche ins Programm nahm. Er sagt: »Als ich die Spice Girls sah und ihre Persönlichkeiten erkannte, wußte ich, daß sie ganz groß herauskommen würden. Sie hatten den Willen, sich an die Spitze zu setzen.«

Motiviert waren sie, aber in diesen ersten Tagen stand zu befürchten, daß sie nicht auf die so nötige Unterstützung der Teenie-Presse zählen konnten. Traditionsgemäß zögerten die wichtigsten Magazine, Stories über reine Girl Groups zu veröffentlichen. Deshalb wurden die Mädchen losgeschickt, um die Redakteure zu becircen und ihre Voreingenommenheit ins Wanken zu bringen. Es gab keine besseren Fürsprecher für die Sache der Spice Girls als die Spice Girls selbst. Sie sprachen mit allen möglichen Redakteuren und auch mit den Herausgebern der Magazine *Smash Hits* und *Top of the Pops*. Sie sangen *Wannabe* im Halb-Playback und *a cappella*-Versionen von anderen Songs ihres Albums. Aber entscheidender war, daß sie den Zeitungsleuten mit ihrem Temperament und Girl Power auf den Leib rückten. Sie erklärten, daß sie nicht nur eine weitere fade Mädchenband seien, sondern etwas zu sagen hätten und sowohl *Mädchen* als auch Jungs ansprechen würden.

Der Herausgeber von *Top of the Pops*, Peter Loraine, war nach dem gemeinsamen Mittagessen in Notting Hill sehr beeindruckt. Die Spice Girls sangen *a cappella* und stellten sich anschließend für Fotos zur Verfügung. Bei diesem Mittagessen schlug er vor, daß sich jedes Spice Girl einen Spitznamen geben sollte. Es war eine lustige Idee, aber damals wußte noch niemand, wie das ankommen würde.

Peter berichtet: »Wir sprachen darüber, wie die Single lanciert werden sollte, und über ihr Image. Sie erzählten mir von all ihren Plänen. Sie sagten, daß sie *Wannabe* auf den Markt bringen würden, dann eine weitere Single und noch eine, und dann erst das Album. Sie kündigten an, daß sie nach Amerika gehen würden. Sie wußten genau, was sie taten, und nichts wurde dem Zufall überlassen.

Die Idee mit den Spitznamen gefiel den Girls. Am Nachmittag hatte ich eine Redaktionskonferenz, und vier unserer Mitarbeiter dachten über die Namen nach. Posh – die Piekfeine – war der erste, der uns einfiel, für Victoria, weil sie so hochgestochen wirkte. Der Rest war leicht, weil die Charaktere der Mädchen so deutlich zu Tage traten, und wir hatten schnell die Namen gefunden. Am meisten mußten wir lachen, als wir auf Scary – die Schauerliche – kamen. Jennifer Cawthron, die auch aus Leeds stammt, brachte das auf, weil Mel B immer so laut war und versuchte, das Kommando bei den Fototerminen zu übernehmen.

Wir benutzten die Namen in zwei Ausgaben, und als die Mädchen sie zum erstenmal lasen, fanden sie sie sehr komisch. Andere Zeitungen griffen die Namen auf, dann tauchten sie überall auf, bis sie von allen benutzt wurden.«

Als der Countdown vor der Veröffentlichung von *Wannabe* begann, erschien eine ganzseitige Anzeige in einer der ersten Juli-Ausgaben von *Smash Hits*. Sie vermittelte das Selbstvertrauen, das in den Spice Girls steckte, obwohl sie noch keinen Hit gelandet hatten. Die Anzeige war wie eine formelle Deklaration und kündete von der bevorstehenden Herrschaft der Spice Girls über die Welt des Pop: »*Wanted: Jeder, der gern Spaß hat und die Freiheit und das Abenteuer liebt. Haltet euch fest, macht euch bereit – Girl Power kommt auf euch zu.*« Im Licht dessen, was folgen sollte, war das unter gar keinen Umständen eine Übertreibung.

Wannabe kam in der zweiten Juliwoche auf den Markt, wurde sofort Nummer 3 in den Charts und weckte das Interesse der Zeitungen, die bis jetzt noch nicht von dem Wirbel erfaßt worden waren.

Geri sagte damals: »Der Song ist wie wir – entweder du liebst ihn, oder du haßt ihn. Er geht unter, oder er kommt ganz groß raus. Eine große Kampagne begleitet uns, und wir hoffen, daß wir nächstes Jahr um dieselbe Zeit besser als Eternal sind.«

Victoria setzte Zeichen für die Zukunft, als sie sagte: »Was immer auch aus uns wird, ich will nur ganz sicher sein, daß wir jede Minute genießen. Man könnte sagen, daß Cyndi Lauper uns im Sinn hatte, als sie *Girls Just Want To Have Fun* schrieb.« Als sie das sagte, waren die Mädchen schon ein ganzes Stück weiter gekommen als zu der Zeit, in der sie zusammengequetscht in Geris Fiat Uno saßen und diesen Song grölten. Und die Distanz zu ihren kläglichen Anfängen sollte bald unermeßlich werden.

In der zweiten Woche kletterte *Wannabe* auf Nummer 1, und die Mädchen stellten ihren ersten Rekord auf – sie waren die erste reine Girl Group, die mit der Debüt-Single auf Platz 1 der Charts landete.

Victoria betrachtete die Sache nüchtern und sagte: »Wir sind so schockiert wie alle anderen über den Erfolg von *Wannabe*. Aber wir fühlen uns nicht unter Druck gesetzt, dasselbe noch einmal zu erreichen. Wenn es die einzige Nummer 1 ist, die wir je haben, dann haben wir wenigstens bewiesen, daß wir dazu fähig sind. Es ist großartig, weil die Leute den Song an diesen Platz gesetzt haben – das zeigt doch, daß sie mögen, was wir machen, aber trotzdem ist es nur eine Zahl auf dem Papier – die Platte ist eben oft gekauft worden. Für uns als Band ist das nur ein winziger Schritt. Wir haben ein Album aufgenommen, auf das wir ungeheuer stolz sind, und wir sind wirklich gespannt, ob die Leute es mögen werden.«

Ironischerweise stahl *Wannabe* zwei umschwärmten ehemaligen Take That-Mitgliedern, die eine Solokarriere starteten, die Show. Es löste Gary Barlows Debüt-Single *Forever Love* auf Platz 1 ab, und in der folgenden Woche, als *Wannabe* sich auf seiner Position hielt, mußte sich Robbie Williams mit seiner Coverversion von George Michaels *Freedom* mit Platz 2 zufriedengeben. Girl Power hatte sich mit Leichtigkeit gegen Boy Power durchgesetzt.

Mel C sagte damals: »Daß wir die Nummer eins sind, haben wir noch gar nicht ganz begriffen. Wir haben in den letzten zwei Jahren sehr hart gearbeitet. Es ist ein großes Kompliment, mit Take That verglichen zu werden, weil sie so lange erfolgreich waren. Aber wir sind anders. Take That wurde von ihrem Management kontrolliert – wir stehen auf eigenen Füßen. Irgendwann schreiben wir alle unsere Songs selbst. Wir sind nicht Take That, wir sind die Spice Girls.« Geri bekräftigte die Aussage: »Wir sind kein Konzept. Wir bestimmen, wo‘s langgeht. Ich möchte die Männer nicht niedermachen, aber jetzt sind starke Frauen gefragt. Girl Power!«

Wannabe blieb in Britannien die Nummer 1 und eroberte Europa. Mit dem Erfolg wuchs das Interesse der Medien. Plötzlich wollten alle Illustrierten und Zeitungen wissen, was die Spice Girls zu sagen hatten, und sie waren immer gut für eine Schlagzeile. Die Teenie-Magazine und die Pop-Presse hatten sich zu lange von den banalen, braven Images der Boy Bands einlullen lassen, die sich nichts zu sagen trauten, was für Wirbel sorgen könnte. Die Spice Girls hatten keine derartigen Bedenken – im Gegenteil, sie traten einmal kräftig mit ihren Plateauschuhen auf den Boden und stampften alles in

Grund und Boden. Sie paßten nicht auf, was sie sagten, und es kümmerte sie nicht, wer sich auf den Schlips getreten fühlte, solange sie nur Aufmerksamkeit erregten. Sie brachten frischen Wind in die Branche.

Victoria sagte: »Die Spice Girls greifen den Feminismus der Sechziger auf und möbeln ihn für die Neunziger auf. Wir sind mehr als nur eine Girl Group. Frauen müssen lauter schreien als Männer, damit man sie hört, und unsere Musik ist super, weil sie uns eine extrem laute Stimme gibt. Unser Ziel ist es, andere Girls zu inspirieren. Wir sind für Einigkeit und Solidarität unter Frauen. Wir sind auch für die freie Meinungsäußerung, deshalb wollen wir unter allen Umständen unsere eigene Persönlichkeit bewahren. Wir brauchen keine Uniform, um zu zeigen, daß wir etwas Gemeinsames haben. In unserem Wahnsinn steckt eine Botschaft. Wir haben auch Humor, Integrität und Leidenschaft.«

Und Mel C fügt hinzu: »Eine Feministin in den Neunzigern zu sein, heißt, daß man etwas zu sagen. Man kann Maskara auflegen, hohe Schuhe anziehen und wie ein Baby aussehen und genauso viel zu sagen haben wie jemand, der sich den Kopf rasiert und den BH verbrennt. Ich verbrenne meinen Wonderbra auf gar keinen Fall. Das könnte ich nie – ich bin nichts ohne ihn.«

Ende Juli hatte sich die Spice Girls-Mania über ein Dutzend Länder ausgebreitet. Japan war eines der ersten, das sich anstecken ließ, also flogen die Mädchen hin, um die Single zu promoten. Sie belegten bald Platz 1. Von da an wurden die Mädchen, wo sie auch hinkamen, von hysterischen Fans, Medienrummel und Nummer-eins-Hits begrüßt. Sie wurden überall belagert, und Girl Power hinterließ rund um den Globus Spuren.

Die Spice Girls wurden als »Oasis mit Wonderbra« bezeichnet, und sie erwiderten: »Nee, Oasis sind Spice Girls in Frauenkleidern!« Die Mädchen waren imstande, so viel Trouble zu machen wie die »Mad for it«-Band aus Manchester. Das *Wannabe*-Video wurde in manchen südostasiatischen Ländern verboten, weil Mel Bs Brustwarzen zu deutlich zu sehen waren. In Japan übernahmen sie buchstäblich die Space Shower-Show, als sie die beiden männlichen Moderatoren vollkommen überrumpelten. Die beiden wimmerten nur: »Dies ist unsere Show, nicht ihre!« Die Überrumpelungstaktik wurde zur Visitenkarte der Spice Girls. Sie wandten sie an, als sie sich gnadenlos über Stephen Gateley von Boyzone auf einem deutschen Popfestival lustig machten, und in einer französischen Fernsehshow schmierten sie Sahnetorte in die Gesichter der anderen Gäste.

Außerdem wird berichtet, daß Victoria in einem vollen Hotellift in Holland ihren Morgenmantel aufriß, und in einem anderen Hotel lief Mel B splitterfasernackt über den Flur. Im Flughafen in Glasgow probierte Geri in einem Dessousgeschäft erotische Unterwäsche an und brachte die Verkäuferin vollkommen aus der Fassung, als sie halbnackt durch den Laden stolzierte.

Für die ahnungslose Welt waren diese ausgeflippten Allüren neu, aber die Mädchen zeigten nur einem größeren Publikum ihr Verhalten, das in den Monaten ans Licht gekommen war, in denen sie in der Boyn Hill Road gehaust und sich näher kennengelernt hatten. Die Gang ließ keinen Spaß aus, und seit dem ersten Erfolg feierten sie die beste Party, die sie je erlebt hatten.

Wannabe blieb in Britannien sieben Wochen an der Spitze, und es wurde mehr als eine Million Tonträger verkauft. Obwohl sie erst einen Hit herausgebracht hatte, wurde die Gruppe schon als Phänomen bejubelt, und die Fans schienen keine Angst zu haben, daß *Wannabe* nur ein Zufallstreffer war. Selbst seriöse Zeitungen wie die *Times* stärkten ihnen den Rücken, und in einem Artikel war zu lesen: »Ihre Popsongs sind geistreich und prägnant, die Band füllt die Lücke in Englands Musikmarkt mit Spaß und Flair, und sie würzt ihre pro-Girl-Haltung mit beißendem Humor.«

Im September flogen die Mädchen nach Amerika, um in der Mojave-Wüste das Video für die zweite Single *Say You'll Be There* aufzunehmen. Sie sahen Jon Bon Jovi auf dem Laufband im Fitneß-Studio ihres Hotels, und gestanden in typischer Spice Girl-Manier mit brutaler Offenheit: »Er sieht im wirklichen Leben gar nicht so nett aus, oder?« Ähnlich enttäuscht waren sie, als sie Bryan Adams begegneten und entdeckten, daß er »so schmächtig« war.

Auf dieser Reise ließ sich Geri ihr erstes Tattoo machen – eine Wildkatze, genauer einen Jaguar, in Erinnerung an ihren Vater, der immer einen Jaguar fuhr. Die Trauer, daß der Mann, der ihr Selbstbewußtsein geweckt hatte, ihren Aufstieg nicht mehr erleben durfte, wurde mit dem Erfolg der Spice Girls noch schmerzlicher.

Am 21. Oktober kam *Say You'll Be There* auf Anhieb auf Platz eins in England und verdrängte Boyzones Coverversion *Words*. Die Spice Girl-Hysterie stieg. In diesen Tagen gab es aber einen Wermutstropfen: Ein Soft-Porno-Magazin veröffentlichte ein Nacktfoto von Geri und hatte bei dieser Ausgabe eine Auflage von 150 000 Stück. Die Fotos wurden von einer Illustrierten gekauft, und plötzlich konnten Millionen Menschen Geris Busen bewundern. Später wurde eins der Fotos zu einem Poster vergrößert und in den Athena Shops verkauft. Geri hatte befürchtet, daß die Fotos auftauchen würden, sobald sie bekannt war. Sie hatte die Aufnahmen den anderen Mädchen schon früher gezeigt, also war die Veröffentlichung keine Überraschung für sie, und sie lachten nur darüber. Geri sagte: »Ich finde das lustig – meine Titten sehen gut aus, hab' ich recht? Ich bin sicher, die Leute sehen mich als kreischenden Rotschopf mit dicken Titten, aber ich denke doch, daß ich auch etwas zu sagen habe.«

Ebenfalls im Oktober kam das Album *Spice* in Japan auf den Markt und landete auf Platz 1, gleichzeitig traf die Nachricht ein, daß die Verkaufszahlen die der Beatles auf dem Höhepunkt ihrer Karriere übertrafen. Auch in England wurden die Singles noch hunderttausendfach verkauft, und der Spice Girl-Fanclub verzeichnete jede Woche 10 000 neue Mitglieder.

Im November präsentierte Virgin das Album *Spice* bei einer Party in einem Restaurant an der Themse. Zu Beginn wurde den Mädchen eine gerahmte CD von *Wannabe* überreicht, weil weltweit drei Millionen Tonträger verkauft worden waren, und es wurde bestätigt, daß der Song in zweiundzwanzig Ländern Platz 1 erreicht hatte. Dann gaben die Mädchen das Startzeichen für ein 65 000-Pfund-Feuerwerk, das über der Skyline von London aufleuchtete. Als die schillernden Farben und Blitze die Nacht erhellten, machten die Mädchen ihre Witze: »Ooooh, das war ein Auto! Aaaah, da ist der Urlaub dahin. Mann, mit alldem hätte man ein Haus kaufen können!« Trotz der Gags waren die Mädchen ehrlich verblüfft über ihren Erfolg und sie blieben einigermaßen realistisch.

Geri meinte: »Wir können schon morgen in der Gosse landen. Ich kann es nicht glauben, daß wir drei Millionen Exemplare von *Wannabe* verkauft haben. Okay, 'ne Menge Leute denken, Girl Power ist das einzige Wahre, aber wenn wir irgend jemanden auch nur ein bißchen motivieren und ein Mädchen dazu bringen können zu sagen: ›Ich bin stark‹, dann schlägt das jede Nummer 1.«

Mel B gestand: »Man kapiert gar nicht, was mit einem passiert. Manchmal wird man von dem Mega-Vibe mitgerissen, aber man muß immer wieder auf den Teppich kommen. Ich glaube, die Leute merken, daß wir nicht ausrasten. Es gibt manche, die sich schlimm aufführen wie: ›Hey, ich bin die Nummer eins!‹ Iiii! Das sind die, denen man eine kleben möchte.«

Es gab mehr als 500 000 Vorbestellungen für das Album, und das hieß, daß es schon vor der Veröffentlichung ein Hit war. Es kam in Britannien und in weiten Teilen Europas sofort auf Platz 1. Die Kritiken stärkten genauso wie die Verkaufszahlen das Selbstbewußtsein der Mädchen und bestätigten, daß sie das Richtige getan hatten. Viele Alben von Boy Bands waren clever zusammengestrickt worden und bestanden aus Coverversionen von früheren Chart-Hits und von anderen Musikern geschriebenen Songs, aber die Titel auf dem Album der Spice Girls waren Eigenproduktionen, die in Zusammenarbeit mit verschiedenen Songwritern entstanden waren. Ein Musikkritiker von der *Times* war beeindruckt und schrieb: »Eine Journalistin von *Smash Hits* nannte sie: ›Oasis mit Wonderbras‹, und vielleicht hatte sie recht. Denn während Oasis mühsam Mainstream-Pop von ›seriösem‹ Rock ‘n‘ Roll trennte, steuern die Spice Girls in die andere Richtung. Sie machen Pop pur und geben ihm eine erstaunlich glaubhafte Schärfe. Der Lohn könnte Erfolg sein und möglicherweise Respekt, weil sie auf die ihnen eigene Art mit Oasis in Konkurrenz treten. Es ist verlockend, *Spice* nach dem ersten Anhören als ein weiteres seichtes Machwerk für die Kids abzutun. Wie jeder gute Pop hat es einen frivolen Touch und ist lebendiger als Beat. Aber man muß kein pubertierendes Mädchen sein, um die authentische Entschlossenheit zu schätzen, die sich wie ein dünner Stahlfaden durch alle zehn Titel zieht. Gewürzt mit Slogans wie ›I'm choosy, not a floosy‹, hat es einen dogmatischen Unterton, obwohl Witz und Arglosigkeit der Vorzug vor Aggressivität gegeben wird. Und in *Naked*, einem langsamen Song voll sexueller Spannung, in dem eine Stimme am Telefon insistiert: ›I'd rather be hated than pitied‹, wird eine Gefühlstiefe angedeutet, die weit über den künstlichen Charme des traditionellen Teenie-Pop hinausgeht.«

Es war eine Auszeichnung, von seriösen Musikkritikern respektiert zu werden und gleichzeitig Teenager als Fans zu haben. Normalerweise werden die Produktionen von Teeniebands nur in Pop-Magazinen besprochen, in der Yellow-Press erwähnt und zu Jugendsendungen zum Fernsehen eingeladen, aber die Spice Girls überschritten alle Medien-Barrieren. Man spürte, daß sie eine Jugendgeneration beeinflußten und daß ihre Girl Power-Slogans eine gesellschaftliche Veränderung aufzeigten. Ihr Erfolg wurde gründlicher analysiert als der jeder anderen Pop-Größe.

Wie weit gefächert das Interesse an den Spice Girls war, zeigte sich bei der alljährlichen *Smash Hits* Poll Winners Party im Dezember. Die Mädchen sangen *Wannabe* und *Say You'll Be There* vor einem kreischenden Publikum und heimsten drei Awards ein – als beste britische Gruppe, für den besten New Act und für das beste Video für *Say You'll Be There*.

Mel C sagte damals: »Ich hab' mir das früher immer im Fernsehen angeschaut und davon geträumt, auch einmal einen Award zu gewinnen, und jetzt ist der Traum wahr geworden. Ich war auf dem Titelblatt von *Smash Hits* und hab' drei Awards gewonnen – es ist unfaßbar.«

An diesem Tag wurden sie von Boyzone, die sechs Awards abräumten, um Längen geschlagen, aber die unterschiedliche Wirkung der beiden Gruppen trat deutlich zutage, als Simon Sebag-Montefiore vom *Spectator* nach der Veranstaltung hinter der Bühne wartete, um die Mädchen und nicht die Gruppe aus Dublin zu interviewen. Der *Spectator* ist eine seriöse, politisch rechts gerichtete Zeitung und eins der Blätter, denen man am wenigsten Interesse an einem Interview mit einer Teeniegruppe zugetraut hätte. Der Herausgeber hatte die Idee dazu gehabt und gedacht, es könnte ganz witzig sein, angesichts der bevorstehenden Wahlen die heißesten Popstars des Landes aus politischer Perspektive zu interviewen und den Artikel in der Weihnachts-Neujahrs-Ausgabe zu bringen. Später bekannte der Herausgeber, daß er nicht einmal genau wußte, wer diese Spice Girls waren, aber als der Artikel veröffentlicht wurde, wußte er es ohne Zweifel – genau wie Millionen Briten der älteren Generation.

Ehe der berühmt gewordene *Spectator*-Artikel erschien, verursachten die Spice Girls in Londons West End ein Chaos, als sie auf der Oxford Street die Weihnachtslichter vor fünftausend Fans anzündeten. Der Verkehr kam zum Stillstand, Fans jeden Alters jubelten und grölten, aber das war nur ein winziger Tumult im Vergleich zu dem Medienrummel in der folgenden Woche.

»Maggie war das erste Spice Girl«, lautete die Botschaft, die die Schlagzeilen vom *Daily Star* bis zur *Financial Times* in die Welt schrien. Während des *Spectator*-Interviews hatten die Mädchen über viele politische Themen gesprochen, über ihre Vorliebe für Maggie Thatchers Ideale, ihre Angst vor der Einführung des Euro in Großbritannien und ihren Zweifel, daß Tony Blair das Zeug dazu hatte, ein anständiger Premierminister zu sein. Aber die Zeitungen griffen die Bemerkungen über Maggie Thatcher auf, hauptsächlich weil die Tory-Regierung von allen Seiten kritisiert wurde.

Natürlich hatte Geri die schlagzeilenverdächtige Aussage gemacht. Sie sagte: »Wir Spice Girls sind echte Thatcheristen. Die Thatcher war das erste Spice Girl, ein Pionier unserer Ideologie – Girl Power. Die Thatcher hat wirklich Ideale – wir lieben Maggie.« Außerdem fügte sie hinzu: »Wir haben Tony Blair kennengelernt, und er scheint sehr nett zu sein. Seine Haare sind okay, seine Steuerpolitik nicht. Er hat einfach kein gutes Händchen in der Wirtschaft.« Victoria erklärte noch, daß sie niemals Labour wählen würden, meinte aber auch, John Major sei ein »langweiliger Knochen«.

Die Presse brachte seitenweise Artikel darüber und stellte politische Analysen an. Reflektierten diese Aussagen die Ansichten der jungen Generation? fragten sich die Kolumnisten. Man sprach sogar auf den Fluren im House of Commons über die Spice Girls. Maggie Thatchers Büro ließ verlauten, daß die ehemalige Premierministerin begeistert von den Bemerkungen der Mädchen sei, während das Central Office der Torys ein Statement formulierte: »Sie haben offenbar klare politische Ansichten. Sie sind eine tatkräftige Gruppe, und wir sind eine tatkräftige Partei.« Die Labour Partei bewies zumindest Humor und sagte: »Daß die Spice Girls Margaret Thatcher mögen, wird Tony Blair nicht davon abhalten, ihre Musik zu mögen.«

Simon Sebag-Montefiore äußerte sich zu all dem: »Es war erheiternd, hatte aber auch eine ernste Seite. Die Spice Girls beeinflussen eine ganze Generation junger Leute, und niemand weiß, wie diese Generation wirklich denkt. Es war ein erfreuliches Interview. Das sind keine Dummchen. Ich hatte mit den üblichen linken Parolen der Popstars gerechnet – mit pathetischen Ideen wie die gesetzliche Freigabe von Heroin und verworrenen Gedanken über Individualität und Gesellschaftspolitik, aber sie artikulierten sich klar und deutlich über die großen Themen dieser Zeit.«

Der Journalist mochte glücklich über das Interview gewesen sein, die Mädchen waren es gewiß nicht, als sie die Schlagzeilen lasen – manche waren noch mit Fotos von ihnen vor Downing Street No. 10 garniert. Es erboste sie, daß man sie als Thatcheristen titulierte, besonders die beiden Mels waren wütend – Mel B sieht sich als Anarchistin, Mel C unterstützt die Labour Partei. Später sagte sie einem Reporter von *The Face*: »Wir sind alle noch sehr jung, und die meisten von uns haben keine Ahnung von Politik. Ich gehe nicht mehr zu Wahlen, weil ich nicht genügend von Politik verstehe, um zu wählen. Wenn ich gewählt habe, dann Labour. Ich stamme aus Liverpool und bin ein Kind der Arbeiterklasse. Können Sie sich vorstellen, wie sauer ich war, als all dieses Zeug in den Zeitungen stand? Mein Dad hat mir gedroht und gesagt: ›Margaret Thatcher? Warte nur, bis du nach Liverpool kommst.‹ Ich halte Margaret Thatcher für ein komplettes A… nach allem, was sie meiner Stadt angetan hat.«

Sogar Geri war ungehalten, denn sie hatte Maggie Thatcher nur gelobt, weil sie die erste Frau im Amt des Premierministers war, nicht für ihre Politik. Sie sagte: »Natürlich hat sie eine Menge kaputtgemacht. Jeder macht Fehler, sie hat auch welche gemacht. Sie hat einen Haufen Sachen verdammt verbockt, ganz bestimmt, aber ich achte sie, weil sie die erste verdammte Frau in dem Amt war.«

Nach all dem lächerlichen Rummel und den Analysen gab Emma den besten Kommentar ab, der wahrscheinlich am ehesten aufzeigt, wie die junge Generation über Politik denkt – vielmehr nicht denkt. »Wir hatten das große Interview, und ich sagte nichts – nicht ein Wort, und da war ein Foto von mir vor Downing Street No. 10.

Ich glaube nicht, daß ich zur Wahl gehe – darf ich das sagen? Ob ich denke, daß Margaret Thatcher das ursprüngliche Spice Girl ist? Eigentlich nicht. Das ist meine Mum.«

Als sich der politische Niederschlag gesetzt hatte, verbreitete sich die Spice Girl-Mania noch mehr. Es wird berichtet, daß es eine der liebsten Freizeitbeschäftigungen der Männer war, darüber zu reden, welches Spice Girl sie favorisierten, und das verursachte unzählige Kräche mit Freundinnen und Ehefrauen. Emma erhielt sogar königliche Anerkennung – der vierzehnjährige Prinz William hatte das Poster von dem *Baywatch*-Star Pamela Anderson von der Wand seines Zimmers in Eton genommen und dafür eines von Emma aufgehängt.

Die geplante Veröffentlichung der dritten Single *2 Become 1* wäre zeitgleich mit *Knockin' on Heaven's Door* von den Children of Dunblane auf den Markt gekommen, deshalb wurde der Termin verschoben. Sobald *2 Become 1* in den Geschäften lag, belegten die Spice Girls zum drittenmal Platz 1 der Charts, und allein in den ersten drei Tagen wurden 209 000 Tonträger verkauft. *Say You'll Be There* war noch auf Platz 17, und Madonna mußte sich mit Platz 3 nach der Veröffentlichung des Filmsongs für Evita, *Don't Cry For Me Argentina,* zufriedengeben.

Am Sonntag, dem 22. Dezember, bekamen die Spice Girls die Bestätigung, daß sie über Weihnachten die Nummer eins sein würden. Das mußte gefeiert werden, es sei denn natürlich, man war Buchmacher. Obwohl schon früh Abgabeschluß für die Wetten auf die Positionen der Weihnachtscharts gewesen war, mußten sie 92 000 Pfund auszahlen – ihr größter Verlust seit Jahren.

In sechs atemberaubenden Monaten hatten die Spice Girls aus dem Stand drei Hits und ein Album auf Platz eins in England gebracht, und hatten in zwei Dutzend anderen Ländern ebenfalls die Spitze der Charts erreicht. Jede der drei Singles wurde mehr als 600 000 mal verkauft und brachte ihnen Platinplatten ein, und vom Album wurden 1,8 Millionen Exemplare verkauft. Als Mel C über das, was sie erreicht hatten, nachdachte, sagte sie: »Verrückt. Total irre und verrückt. Es war das wahnsinnigste Jahr unseres Lebens!«

Die Hysterie um die Spice Girls nahm solche Formen an, daß sogar jemand in Geris Wohnung einbrach und ihren Abfall stahl.

Der Jackpot wird geknackt

Als die Spice Girls, ihr Manager und die Bosse von Virgin überlegten, wie sie auf dem Erfolg der vergangenen sechs Monate aufbauen konnten, hatten sie keine Ahnung, was ihnen im Jahr 1997 bevorstand. Ihre Popularität war so groß, daß der Terminkalender der Mädchen für die nächsten achtzehn Monate vollgestopft war. Reisen standen an, die sie um die ganze Welt bringen würden, und sie waren für die wichtigsten Events der Popmusik gebucht. Das Hauptziel in diesen ersten Monaten des Jahres war, den amerikanischen Markt zu stürmen, was bekanntermaßen nie leicht für Europäer ist. Doch bevor sie sich in die Arbeit stürzten, genehmigte man den Mädchen einen wohlverdienten Urlaub, damit sie sich regenerieren und genügend Girl Power für das Kommende sammeln konnten.

Ein Großteil der Mädchen flog in die Karibik. Geri fuhr nach Antigua, Mel B besuchte ihre Großmutter und Verwandte auf Nevis. Emma buchte für ihre Familie und ihren Freund Mark Zimmer in einem Luxushotel auf Barbados, aber ihr wurden die Ferien gründlich verdorben: Ein Fotograf fand ihren Aufenthaltsort heraus und machte ungefragt Aufnahmen von ihr im Badeanzug. Emma brach in Tränen aus, als die Fotos zu Hause mit bissigen Kommentaren über ihre »massiven Hüften und Schenkel« veröffentlicht wurden.

Die Fotos waren die erste einer Reihe von persönlichen Aufregungen, die die Mädchen erwarteten, als sie aus dem Urlaub kamen. Ihr Privatleben wurde von dem Starrummel stark beeinflußt, und ihre Freunde waren am meisten davon betroffen. Geri lebte nicht in einer ernsten Beziehung, aber sie war ein paarmal mit Giovanni Laporta ausgegangen, einem Geschäftsmann, den sie schon eine Weile kannte und dem sie auf einer Weihnachtsparty wiederbegegnet war. Er enthüllte, daß Geri zwei Jahre vor ihrem Zusammentreffen keinen Sex gehabt und nach nur wenigen Wochen in wahrer Girl Power-Manier mit ihm Schluß gemacht habe. Als sie Ende Januar ihre Koffer für die Spice Girl-Tour nach Kanada und Nordamerika packte, beschloß sie, Giovanni den Laufpaß zu geben und hinterließ ihm eine mit Schreibmaschine getippte Nachricht in seinem Haus. Giovanni erzählte einer Zeitung: »Sie hat mit mir Schluß gemacht, und ich bin keineswegs glücklich darüber. Sie hatte nicht einmal den Anstand, es mir ins Gesicht zu sagen. Ich dachte, sie würde mich anrufen und mir erklären, daß es zu Ende ist, aber sie hat gar nichts gesagt. Ich wußte, daß aus der Sache nichts werden würde, und sie wußte das auch. Sie stand zu sehr unter Druck, aber Geri ist mir eigentlich egal. Ich habe mich auf sie eingelassen, weil es eine Herausforderung für mich war. Immerhin war sie ein Spice Girl.«

Die einzige Herausforderung, für die Geri Interesse aufbrachte, war der Erfolg der Spice Girls. Sie waren ihrem Ziel auf der Kanada- und Amerikareise einen Riesenschritt näher gekommen. *Wannabe* kam in den US Billboard Top 100 Charts auf Platz 11 – nur Alanis Morisette hatte mit ihrer Debütsingle einen ebenso hohen Einstieg in die Hitlisten gehabt. Als die Mädchen in New York ankamen, bezeichneten sie einige Kritiker bereits als größten Pop-Import aus Großbritannien seit den Beatles. Die Medien und die Paparazzi scharten sich um sie, und die Leute auf den Straßen von Big Apple sangen *Wannabe*, wenn sie die Mädchen aus dem Hotel kommen sahen. Sie rührten die Werbetrommel bei Interviews und anderen Terminen, und nach einer Woche war die Single auf Platz 6 geklettert. Gerüchte drangen nach England, daß sie es bis ganz an die Spitze schaffen würden. Der einzige Makel auf ihrem Triumphzug durch Amerika war eine schlechte Live-Performance vor zweitausend Leuten auf einem Messegelände in Miami. Ihre Vorstellung ließ das Publikum vollkommen kalt. Mel B wurde in der Presse kritisiert, weil sie der Menge das V-Zeichen gezeigt hatte, als sie die Bühne verließ, aber sie erklärte später, daß dies der Girl Power-Gruß sei und keine beleidigende Geste. Nach dem enttäuschenden Auftritt reduzierten die Mädchen ihre Promotion klugerweise auf Fernseh- und Radioshows.

Als sich der Erfolg in Amerika abzeichnete, wurde hinter den Kulissen ein bahnbrechender Werbevertrag mit Pepsi abgeschlossen. Details des Deals wurden lange geheimgehalten, aber die Mädchen jetteten nach Los Angeles, um im geheimen ein Werbevideo zu drehen. Ein so riesiges Unternehmen wie Pepsi als Partner zu haben war Beweis dafür, daß die Spice Girls weltweit Furore machten.

Kurz nach der Ankunft in London feierten die Spice Girls, daß *Wannabe* Nummer 1 in den Staaten war. Am Donnerstag, dem 13. Februar – vier Wochen, nachdem die Single auf den Markt gekommen war –, verdrängte sie Toni Braxtons *Un-break My Heart* von der Spitze. Die Spice Girls kamen als erste britische Gruppe, die mit ihrer Debütsingle auf Platz 1 in den Staaten gekommen war, ins Buch der Rekorde. Die Beatles schafften 1964 nur Platz 12 mit *I Want To Hold Your Hand. Wannabe* war der erste britische Song auf Platz 1 seit Seals *Kiss From A Rose* zwei Jahre zuvor, und die Mädchen hatten bereits etablierte Bands wie Oasis, Blur und Take That, die die sieben Tophits in England schafften, aber nur auf Platz 7 mit *Back For Good* kamen, überrundet. Amerika war das einunddreißigste Land, in dem *Wannabe* Nummer 1 wurde. Noch während die Mädchen feierten, traf eine weitere gute Nachricht ein: *Spice* war Nummer 6 in den amerikanischen Album-Charts.

Geri sagte: »Es ist einfach toll. Ich glaube, keine von uns kann fassen, was im letzten Jahr passiert ist. Wir kamen aus dem Nichts und haben jetzt überall auf der Welt Platz 1. Es ist schwer, das alles zu begreifen. Alle, besonders wir selbst, waren baff, wie schnell wir Amerika erobert haben. Wir haben's sogar noch schneller geschafft als die Beatles. Jetzt glaubt jeder, daß wir unseren Kram packen und für immer hinziehen, aber das würden wir nie tun – dafür lieben wir Großbritannien zu sehr, und wir sind verdammt stolz, Briten zu sein. Wir verdanken diesem Land unseren Erfolg, und wir sind froh, Botschafter des britischen Pop zu sein.«

Die Mädchen erfuhren vom Spitzenplatz von *Wannabe*, als sie das turbulente Video für die nächste Single *Who Do You Think You Are?* zusammen mit den Sugar Lumps, die die Spice Girls parodierten, und dem britischen Komikerduo French und Saunders drehten. Die Single kam als Doppel-A-Seite mit *Mama* auf den Markt und sollte Geld für den Hilfsfonds für Schauspieler einbringen.

Die Jubelfeiern waren kaum zu Ende, als die Spice Girls erneut ihre Gläser hoben, nachdem sie fünfmal für den begehrten Brits Award nominiert worden waren. Ein Jahr zuvor waren die Mädchen als ehrfürchtige Neulinge bei Virgin zu der glanzvollen Zeremonie mitgenommen worden, jetzt bat man sie, die Show in Londons Earl's Court zu eröffnen. Der Sänger von Oasis, Liam Gallagher, sorgte im Vorfeld des Ereignisses für Wirbel, als er seine Teilnahme absagte, weil er den Spice Girls möglicherweise »einen Schlag versetzen« könnte. Das war der Gong für einen verbalen Kampf, der monatelang immer wieder aufflackerte.

Der Abend begann bizarr, als eine Gruppe von Spice Girls-Doppelgängerinnen mit Namen A Touch of Spice in einer weißen Limousine vorfuhren und die Fans und Sicherheitsleute täuschten. Sie wurden belagert, von Fernsehteams interviewt und in die VIP-Garderobe geführt. Erst dann entdeckte man den Schwindel, denn die Spice Girls waren bereits da!

Ein Hinweis darauf, wie weit die Mädchen seit der letzten Preisverleihung gekommen waren, war die Gesellschaft, die sie hinter der Bühne hatten. Sie starrten die Stars schamlos an und ließen sich mit etlichen Größen aus der Musikwelt fotografieren, unter anderem mit Elton John, Diana Ross und Gary Barlow.

Geri erzählt: »Wir hatten eine tolle Zeit und führten uns wie Fans auf. Wir schauten immerzu nur diese berühmten Leute an. Als Diana Ross zu uns kam, mußten wir einfach ein Foto mit ihr machen. Sie ist eine Legende.«

Emma fügt hinzu: »Letztes Jahr kannte uns kein Mensch, und niemand machte Fotos. Damals haben wir nur gestaunt und waren froh, dabeisein zu dürfen. Und jetzt eröffneten wir die Show – und Menschen, die wir noch nie gesehen haben, kennen unsere Namen.«

Trotz der Anwesenheit so vieler Showgrößen waren die Spice Girls der große Hit, und am nächsten Tag verkündeten die Schlagzeilen von ihrem unanständigen, frechen Auftreten in dieser Nacht. Sie eröffneten die Show mit einer stürmischen Playback-Version von *Who Do You Think You Are?* vor tausend VIPs. Ihre Outfits rissen die Fans, die direkt vor der Bühne hockten und standen, zu Jubelschreien hin, und die feinen Leute, die in Abendkleidung an den Tischen saßen, schnappten nach Luft. Besonders Geris winziges Union-Jack-Kleid, das knapp über ihrem Slip endete, sorgte für Gesprächsstoff und wurde in den kommenden Wochen in Modezeitschriften immer wieder erwähnt.

Die Mädchen heimsten Awards für die beste Single (*Wannabe*) und das beste Video für *Say You'll Be There* ein – beide Preise waren ihnen nach einer Publikumsabstimmung zugesprochen worden. Als die Mädchen den Preis für das beste Video entgegennahmen, forderte Mel C Liam Gallagher heraus: »Ich möchte nur eines sagen: Liam, komm her und stell dich, wenn du dich traust.« Die Bemerkung löste noch mehr Beifall im Publikum aus, aber wieder einmal zog Geri am meisten Aufmerksamkeit auf sich. Sie hatte sich vor der Preisverleihung umgezogen und trug jetzt ein hautenges rotes, so weit ausgeschnittenes Kleid, daß ihr Busen kaum bedeckt war. Zweimal rutschten ihre Brüste vor dem Publikum und den Fernsehkameras ganz heraus, aber sie lachte nur und sagte: »Wenn man ein so enges Kleid trägt, muß man damit rechnen. Alle Welt hat sie schon früher gesehen, deshalb kümmert's mich nicht. Dies ist der schönste Abend unseres Lebens, und mir ist egal, was passiert.«

Die Mädchen kosteten den Abend voll aus. Ihr Manager Simon Fuller gab nach der Show eine Privatparty in einem eleganten Restaurant in Soho, und sie feierten bis in die frühen Morgenstunden. Geri hielt am längsten durch und ging sogar noch zu einer anderen Party, als um vier Uhr morgens in dem Restaurant Schluß war. Als sie am nächsten Tag wie gerädert aufwachte, mußte sie lachen – in allen Zeitungen waren Fotos von ihr, und sie wurde als Sexsymbol gefeiert. Sie sagt: »Es ist irre, daß man uns als Sexsymbole bezeichnet – ich halte mich nicht für eine gottverdammte sexy Frau. Ich bin wie jede andere Frau auf der Welt. Wenn ich morgens aufstehe und in den Spiegel schaue, denke ich: O nein, wo ist meine Make-up-Tasche? An diesem Tag taumelte ich aus dem Bett und setzte mich neben meinen Schwager, der gerade ein Foto von mir in der Zeitung betrachtete. Er sah mich, dann wieder das Foto an und lachte schallend. Ich meine, wie kann ich ein Sexsymbol sein? Ich bin plump, nicht sexy. Ich bin genauso unsicher wie die meisten Frauen, und ich schleppe mich, wenn ich kann, ins Fitneß-Studio, um meine Figur zu verbessern. Aber das mag ich an uns allen. Wir sind der Beweis, daß man keine klassische Schönheit sein muß oder einsfünfundsiebzig groß, um attraktiv zu sein. Keine von uns sieht aus wie ein Model, deshalb sind wir Vorbilder für die jungen Mädchen. Wenn mich alle für sexy halten, ist das ganz schön – aber ich selbst finde mich nicht sexy.«

Am 3. März kam die Doppel-A-Seite *Mama / Who Do You Think You Are* auf den Markt, und der Gewinn ging an den Hilfsfonds. Am darauffolgenden Sonntag – passender am Muttertag – war die Single auf Platz 1 und sicherte den Mädchen einen weiteren Eintrag im Buch der Rekorde als erste Gruppe, die mit ihren ersten vier Singles jeweils Platz eins erreicht hatte. Die früheren Rekordhalter waren Gerry and the Pacemakers, Frankie Goes to Hollywood und Jive Bunny, die alle drei Singles an die Spitze bringen konnten. Die Spice Girls beherrschten jetzt die Charts auf beiden Seiten des Atlantiks, ein Meisterstück, das zuletzt Tiffany 1988 mit *I Think We‹re Alone Now* fertiggebracht hatte.

Weltweit hatten die Mädchen zu diesem Zeitpunkt sechs Millionen Alben und sieben Millionen Singles verkauft. *Wannabe* war seit vier Wochen die Nummer 1 in Amerika mit vier Millionen verkauften Exemplaren und war damit die erfolgreichste Debütsingle aller Zeiten. Eine Schätzung ergab, daß jedes der Mädchen inzwischen drei Millionen Pfund an Tantiemen und Werbehonoraren verdient hatte, aber es würde noch Monate dauern, bis ihnen das Geld zufloß.

Da der Erfolg der Spice Girls nicht abriß, wurden sie als Werbemagnet zu verschiedenen Veranstaltungen eingeladen. Der Autogigant Mercedes bezahlte sie, damit sie bei der Enthüllung des neuen McLaren Formel 1-Wagen im Alexandra Palace auftraten. Ende März garnierten die Spice Girls die Ziehung der Lotteriezahlen, und Ende März waren sie die große Sensation in der Londoner Innenstadt, als sie den Startknopf für eine neue Fernsehstation, Channel 5, drückten.

Die Spice Girls trugen vor der Wahl sogar zur politischen Bewußtseinsbildung bei, als der Vorsitzende der Labour Partei Tony Blair auf die berühmte Frage, welche CDs er auf eine einsame Insel mitnehmen würde, unter anderen *Wannabe* nannte. Aber in einem Fernsehinterview konnte er nur drei Namen der Mädchen nennen, die anderen wußte er nicht. Der britische Wirtschaftsminister Kenneth Clark parodierte den Text des Songs in einer Rede und sagte: »All I want. All I really, really want is a strong economy with low inflation ...« Gesellschaftsanalytiker behaupteten, daß das Spice Girls-Phänomen die Stimmung in der britischen Gesellschaft verändere und eine Rückkehr zur Heiterkeit nach den düsteren Jahren der Rezession signalisiere.

Trotz all der positiven Aspekte ihres Ruhms, erlebten die Mädchen auch Unangenehmes. Es wurde bekannt, daß Geri von einem Sexbesessenen belästigt wurde. Er hatte ihr mit mehr als dreißig obszönen Telefonanrufen Angst eingejagt. Man sagt, Geri habe sich entschlossen, keine Anzeige bei der Polizei zu erstatten, nachdem sie herausgefunden hatte, daß sie den Anrufer kannte.

Die anderen Mädchen hatten Schwierigkeiten mit ihren Freunden. Der Starrummel hatte eine Kluft zwischen Emma und Mark getrieben, und auch Victoria und ihr neuer Freund Stuart Bilton hatten eine Krise. Die Mädchen hatten zwar nie geleugnet, daß sie liiert waren, aber man erwartete von ihnen, daß sie ihre Freunde im Hintergrund hielten. Bald wurde klar, daß eine normale Beziehung zu einem Megastar unmöglich war.

Mark, der Emma kennengelernt hatte, kurz bevor sie sich der Gruppe anschloß, erzählte einem Journalisten vom *Mirror*: »Ich war der Freund, der eigentlich gar nicht existieren durfte. Ich war Mr. Unsichtbar. Ich mußte mich sogar im Auto ducken, damit uns niemand zusammen sieht. Wie die anderen Spice Girls mußte Emma ein Single und noch zu haben sein. Sie weinte fast, als sie mir klarmachte, daß sie mich vor der Welt verstecken mußte. Sie sagte: ›Ich liebe dich von ganzem Herzen und bin so stolz auf dich, aber ich sollte keinen Freund haben. Es ist nicht gut für mein Image. Es wird schwer. Meinst du, du kommst damit klar?‹ Ich nahm ihre Hand, sah in diese großen blauen Augen und sagte: ›Ich habe dich geliebt, bevor du berühmt geworden bist, und ich würde alles tun, um dich zu halten.‹ Aber dann hat es mich doch innerlich zerrissen. Hilflos an der Seitenlinie zu stehen, während deine Freundin alle wahnsinnig macht und von einigen der erfolgreichsten Männer der Nation angemacht wird, ist selbstzerstörerisch.

Sie rief mich nach wie vor an, wo immer auf dieser Welt sie auch war, aber statt wie früher eine Stunde mit mir zu quatschen, hatte sie immer nur fünf Minuten Zeit. An den wenigen Tagen, an denen sie nicht unterwegs, beim Drehen oder im Studio war, konnte sie es kaum einrichten, mich zu sehen. Am Ende machte mein Stolz nicht mehr mit. Es kam mir vor, als würde sie es als Pflicht betrachten, sich mit mir zu treffen. Früher waren wir jeden Tag zusammen, jetzt sah ich sie einmal im Monat. Sogar wenn Emma bei mir war, hatte ich das Gefühl, daß sie in Eile ist. Sie hatte sich mir entfremdet, aber sie brachte es nicht fertig, das zu akzeptieren. Sie war nicht mehr das Mädchen, in das ich mich verliebt hatte. Sie war jetzt ein Spice Girl, und Millionen schwärmten für sie. Für mich war kein Platz mehr in ihrem Leben. Emma war die Liebe meines Lebens und mein bester Freund. Die Spice Girls mögen die tollste Gruppe der Welt sein, aber ich bedauere, daß sie sich ihnen je angeschlossen hat.«

Emma litt unter der Trennung, aber es war besser, einzusehen, daß es vorbei war, als mit einer Lüge zu leben. Sie lebte jetzt in einer anderen Stratosphäre als Mark, und das überforderte die Beziehung, die begonnen hatte, bevor Emma im Rampenlicht stand.

Victoria hatte dieselben Probleme mit Stuart – obwohl sie eine Verlobung planten und zusammen ein Haus kaufen wollten, ging ihre Verbindung in die Brüche.

Stuart sagte: »Ich hätte es gern, wenn wir Freunde blieben, aber wenn sie davon nichts wissen will, kann ich nichts daran ändern.« Die Trennung mußte noch schmerzlicher für ihn gewesen sein, als kurze Zeit später bekannt wurde, daß sich Victoria auf eine Liebelei mit Manchester Uniteds Sonnyboy-Fußballer David Beckham eingelassen hatte. Sie hatten sich bei einem Spiel im März kennengelernt und hatten ein Double Date mit Mel C und Ryan Giggs gehabt.

Beckham schien der ideale Partner für das Posh Spice zu sein. Sie gestand in einem Interview: »Ambitionen turnen mich an – ein Mann, der weiß, was er will, und es sich holt. Mich machen Männer mit Macht und Erfolg an. Erfolg ist immer ein Anziehungspunkt.« Wie konnte Stuart Bilton, der im Blumenladen seiner Mutter arbeitete, mit den Genies dieser Welt und gutaussehenden Fußballern mithalten?

Mel B war seit zwei Jahren mit dem Goldschmied Richard Meyer liiert. Ihre Beziehung dauerte noch einige Monate an, ging aber dann doch auch in die Brüche, und Mel traf sich mit dem isländischen Geschäftsmann Fjolnir Thorgeirsson.

Sobald die Tränen getrocknet und die verschiedenen Liebesprobleme vergessen waren, hatten die Spice Girls alle Freiheiten, die verrückte, aufregende Welt der Stars mit reinem Gewissen zu genießen. Sie flogen in den Fernen Osten, um ihre CDs zu promoten und checkten in einem Luxushotel in Bali ein, um ein paar Tage Ferien zu machen. Aber wo immer die Spice Girls auftauchten, kam es zu Turbulenzen. Sie hatten nur zwei offizielle Termine, während sie sich auf der Insel aufhielten, aber sie schafften es sofort, internationale Unruhe zu stiften. Aus Spaß brachten einige Rugbyspieler, die im selben Hotel abgestiegen waren, den Mädchen Ka Mat Hake, den traditionellen Tanz der Maoris auf Neuseeland, bei. Der Tanz war von dem Rugbyteam des Landes berühmt gemacht worden. Die Spice Girls riefen hysterische Reaktionen und Jubelschreie im Hotel hervor, als sie Ka Mat Hake tanzten und sich auf die Schenkel schlugen und die Zunge herausstreckten. Das brachte die Stammesführer auf den Kriegspfad, weil der Tanz nur von Männern getanzt werden durfte.

Der Maori-Führer Joe Harawira sagte: »Es ist ganz und gar unangemessen, daß Frauen diesen Tanz aufführen. Das ist in unserer Kultur inakzeptabel, und zu hören, daß der Tanz von einer Girlie-Popgruppe aus einer anderen Kultur aufgeführt wird, ist unfaßbar.« Noch bedrohlicher war das Statement des Tanzexperten Willie Jackson: »Die Spice Girls bewegen sich auf gefährlichem Gebiet, wenn sie mit unserer Kultur Schindluder treiben und sich, was noch schlimmer ist, über unseren Haka lustig machen. Es ist eine verdammte Schande. Wir sind es leid, daß Fremde unsere Kultur verfälschen, und wir haben Möglichkeiten, mit ihnen fertig zu werden.«

Die Spice Girls waren erstaunt, daß der Spaß eine derartige Entrüstung auslöste, aber sie nahmen die Beschwerden ernst. Ihr Sprecher sagte: »Es war nie beabsichtigt, jemanden zu beleidigen. Die Mädchen machten nur das, was ihnen die Rugbyspieler gezeigt hatten – die Jungs haben ihnen nie die Bedeutung von Ka Mate Haka erklärt. Sie wollten auf keinen Fall jemanden verärgern und bedauern den Vorfall sehr.«

Auch wenn die Begeisterungsstürme der Hotelgäste für den Spice-Haka schon an Irrsinn grenzten, so waren sie doch nichts im Vergleich zu den Verrücktheiten, die die Spice-Mania in England hervorbrachten. Der LKW-Fahrer Joseph Marsden aus Coventry war so verknallt in Victoria, daß er sich ihr Konterfei für hundert Pfund auf den Schenkel tätowieren ließ. Die Mädchen waren, ohne es selbst zu wissen, für unzählige Trennungen von Paaren verantwortlich. Jane Cleere beispielsweise gab ihrem Freund Sacha Hayward den Laufpaß, weil er nichts anderes mehr im Kopf hatte als die Gruppe. Er hatte die Wände mit Postern gepflastert und hörte sogar ihre Musik, während er mit seiner Freundin schlief. Schließlich rastete Jane aus und erklärte: »In unserer

Beziehung ist kein Platz für sieben. Sacha war total besessen. Ich stellte ihn vor die Wahl: entweder sie oder ich. Er hat sich für sie entschieden. Alles war wunderbar, bevor diese Mädchen auftauchten. Ich möchte nie wieder etwas von ihnen hören.« Sacha schoß zurück: »Ich bin sauer, daß sie mich sitzengelassen hat, aber noch wütender bin ich, weil sie meine Poster und CDs kaputt gemacht hat.«

Sogar in den Schulen bemerkte man die Auswirkungen der Spice Girls. Die blonde Schülerin Carly Austin färbte ihr Haar rot wie Geri, und die Direktorin schickte sie nach Hause mit der Aufforderung, sich wieder ihre Baby Spice-Haarfarbe zuzulegen. In der Grundschule in Derbyshire verbot der Direktor den Mädchen, auf dem Schulhof wie die Spice Girls zu tanzen, weil es zu aufreizend war und Rivalitäten und Feindseligkeiten hervorrief.

Eine Gruppe ahmte die Publikumslieblinge nach, trug Perücken, verrücktes Make-up und irre Klamotten und sang in nationalen Fernsehshows ungeheuerliche Versionen von *Wannabe*. Unter der Kostümierung steckten die Jungs von Boyzone!

Nach der Rückkehr aus Bali bekamen die Mädchen endlich den Lohn für ihren Erfolg – Geld. Sie hatten Millionen CDs verkauft und neue Rekorde aufgestellt, aber es brauchte seine Zeit, bis das Geld bei ihnen eintraf. Die Zeitungen spekulierten, daß jedes der Mädchen inzwischen fünf Millionen Pfund auf dem Konto hatte, aber ein Gespräch mit ihrem Finanzberater machte deutlich, daß die Summe etwas bescheidener war – zumindest noch. Kurz nach diesem Gespräch sagte Mel C: »Wir waren ehrlich enttäuscht, als er sagte: ›Tut mir leid, aber ich muß euch sagen, daß die Zeitungen leicht übertrieben haben.‹ Wir haben nicht so viel bekommen, wie wir dachten, aber dafür mehr als vorher.«

Für Mädchen, die vor zwei Jahren noch von Arbeitslosenhilfe gelebt hatten, war es eine Wahnsinnssumme, und sie gaben das Geld mit vollen Händen aus. Die ersten Schecks gingen an die verschiedenen Familien. Mel C und Emma wollten ihren Müttern neue Häuser schenken und schickten sie los, nach geeigneten Objekten zu suchen, Mel B bezahlte die 25 000 Pfund-Hypothek ihrer Eltern. Victoria, Mel B und Geri legten sich schnittige Cabrios zu. Und Victoria brauste sofort mit ihrem neuen Sportwagen zu den verschiedenen Modesalons und kaufte kräftig ein.

Die Mädchen brauchten keine Angst zu haben, daß sie nach den vielen Ausgaben auf dem Trockenen sitzen würden, da ihre Popularität täglich zunahm. Das Album kletterte in den amerikanischen Charts immer höher, und sie flogen in die USA, um zum erstenmal ein ganzes Live-Konzert zu geben. Seit Monaten bemängelte die Kritik, daß die Spice Girls bei ihren Vorstellungen nur Playback sangen. Das war der einzige Makel an ihrer Erfolgsgeschichte, deshalb beschlossen sie, ihn auszumerzen und in einer Samstagabend-Live-Show aufzutreten, die normalerweise von zwanzig Millionen Menschen gesehen wurde. Die Mädchen sangen *Wannabe* und *Say You'll Be There*, und brachten das Studiopublikum dazu, aufzuspringen und laut zu grölen. Die meisten amerikanischen Kritiker waren beeindruckt, und in den *New York Daily News* stand: »Die Spice Girls können singen, und sie sehen toll aus. Die Herzen der Männer schlagen in der ganzen Nation ein bißchen schneller.«

Emma gestand später: »Es war schrecklich, so eine große Herausforderung. Am Anfang waren wir nervös, aber ich glaube, dann kamen wir alle plötzlich in den richtigen Rhythmus. Wir waren immer überzeugt von unserem Talent, aber jetzt haben wir es live bewiesen und sind selbstbewußter denn je. Wir alle sind ganz aus dem Häuschen, weil wir das geschafft haben.«

Die Nachricht von dem triumphalen Auftritt im amerikanischen Fernsehen weckte noch mehr Begeisterung für die Spice Girls. Das Medieninteresse nahm ungeahnte Formen an, und Berichte über die Gruppe füllten die Seiten der Zeitungen. Was immer sie auch taten, es machte Schlagzeilen. Besonderes Furore verursachte die Ankündigung des Werbevertrags mit Pepsi. In speziellen Pepsi-Logo-Outfits enthüllten die Mädchen den einzigartigen Vertrag über eine Million Pfund, der beinhaltete, daß die Gruppe eine Spezialsingle *Step To Me,* die nur für Pepsi-Trinker käuflich sein sollte, herausbrachte und daß das Unternehmen das erste große Konzert der Spice Girls, das im Oktober vor 40 000 Fans in Istanbul stattfinden sollte, finanzierte. Die Türkei wurde als geeigneter Schauplatz, sich den Fans aus aller Welt zu präsentieren, gewählt, weil in diesem Land Ost und West zusammentreffen.

Die Aufregung über den Vertrag mit Pepsi hatte sich noch nicht gelegt, als sich die Spice Girls für ihre wichtigste Performance rüsteten: für einen Live-Gig in England. Sie hatten eisern für den 21. Jahrestag des Prince's Trust Konzerts geprobt, das im Opernhaus von Manchester stattfand, aber ihre kurze Einlage war bei weitem nicht so flott wie die Vorstellung in Amerika. Aber die Mädchen machten den Mangel von Power auf der Bühne wett, indem sie Prinz Charles bei dem formellen Defilee am Ende des Konzerts überrumpelten. Als erste drückte Mel B einen Kuß auf seine Wange, und Geri folgte ihrem Beispiel. Der Prinz war vollkommen verdattert und hatte zwei große Lippenstiftflecken im Gesicht. Es war ein skandalöser Bruch des königlichen Protokolls und sogar für die Spice Girls sehr waghalsig, aber Charles nahm es mit Humor. Sie neckten ihn mit einer ganzen Reihe von frechen Kommentaren. Geri, in einem knappen blauweißen Artistentrikot, sagte: »Ich finde, Sie sind sehr sexy. Wir könnten Ihrem Leben Würze geben.« Sie versuchten auch, Charles dazu zu bewegen, das Girl Power-Zeichen zu machen, aber er machte nicht mit. Geri schoß den Vogel ab, als sie den Prinzen in den Po kniff.

Der Prinz tat den Affront mit einem Scherz in seiner Rede ab, die er gleich darauf hielt, und Geri posierte sogar in diesem Moment im Hintergrund mit zurückgeworfenem Kopf für die Fernsehkameras. Man fand, daß ihr Verhalten die Grenzen des guten Geschmacks bei weitem überschritt, aber sie ließ das kalt. Später sagte sie: »Es war nicht geplant, daß wir ihn hochnehmen – es ist einfach passiert. Wir behandeln alle gleich, ob wir es mit einem Prinzen oder einem Postboten zu tun haben. Ich zwicke jeden in den Hintern, warum also nicht auch Prinz Charles? Ich würde auch Tony Blair kneifen, wenn er mir über den Weg läuft.«

Sie hatten kaum Zeit, ihren Lippenstift nachzuziehen, bevor sie zum nächsten Abenteuer aufbrachen – zum Filmfestival in Cannes. In Cannes hatten sich über die Jahre hinweg beinahe alle Showgrößen der Welt getroffen, aber die Spice Girls hatten keine Scheu, ihren Anspruch auf den Einzug in die Hall of Fame der Stadt geltend zu machen. Bei der Ankunft trugen sie Kopftücher und Sonnenbrillen im Stil der Leinwandgöttinnen der vierziger Jahre, dann begannen sie sofort in echter Hollywood-Manier die Aufmerksamkeit auf sich zu ziehen. Sie kamen zum Eingang des Hotel Martinez für einen Fototermin und brachten den Verkehr zum Stillstand. Hunderte von Fotografen und Filmcrews aus der ganzen Welt drängten sich um die beste Position, während Fans und Passanten auf Autodächer und Laternenpfähle kletterten, um etwas zu sehen. Es war einer der chaotischsten Fototermine, die Cannes je erlebt hat – und das für fünf Mädchen, die keinen einzigen Film gedreht hatten.

Das stürmische Medienspektakel erlebte eine Fortsetzung bei einer Pressekonferenz, bei der die Mädchen von ihren Plänen, einen Film zu machen, erzählten – es sollte eine Komödie im Stil von *A Hard Day's Night* von den Beatles werden. Der Film, der noch keinen Titel hatte, sollte in London gedreht werden und fünf turbulente Tage der Mädchen mit dem Schauspieler Richard E. Grant als neurotischer Manager und anderen Prominenten in Nebenrollen zeigen. Die Mädchen bewiesen, daß sie kein Drehbuch brauchten, um komisch zu sein, als sie die Pressekonferenz – normalerweise eine stinklangweilige Angelegenheit – zu einem Riesenspaß machten. Selbst zynische Journalisten, die an einsilbige, nichtssagende Antworten der Egomanen aus Hollywood gewöhnt waren, ließen sich von den witzigen Bemerkungen und der Lebenslust der Mädchen mitreißen. Die Spice Girls verschonten niemanden. Sie zogen die Journalisten auf, als sie aufgeregt auf die vielen Fragen antworteten. Einen forderten sie auf, die Hände vor der Brust zu verschränken, weil er eine »üble Körpersprache« habe, ein anderer wurde wegen seines schütteren Haares geneckt, und ein nervöser Schreiberling mußte Spott über sich ergehen lassen, weil er bei seinen Fragen stotterte. Ein Korrespondent aus dem Libanon erkundigte sich hoffnungsvoll: »Werden Sie auch unserem Land einen Besuch abstatten?«, und Mel C versetzte: »Oh, wir waren noch nie in Libanon, aber schon oft in Debenhams!« Debenhams ist eine bekannte Geschäftskette in England.

Als die Stimmung zu ernst wurde, stachelte Geri die Journalisten an, die Ola-Welle zu machen, sonst würden sie keine Fragen mehr beantworten. Erstaunlicherweise folgten die Presseleute ihrer Aufforderung. Ein britischer Gesellschaftskolumnist sagte: »Es war ungeheuerlich. Die meisten dieser Pressekonferenzen sind langweilig und ein Riesenschwindel. Die Stars posieren für die Fotografen, und beantworten mürrisch ein paar dumme Fragen, dann gehen sie. Aber die Spice Girls waren eine Klasse für sich. Sie kümmerten sich keinen Deut um elegante Posen und wollten nur lachen. Sie machten eine Show aus dem Ganzen und nahmen eine Menge Leute für sich ein.« Die Mädchen brachten die Presse noch einmal in Aufruhr, als sie dem französischen Fernsehen ein Exklusiv-Interview an einem Privatstrand gaben. Dann gingen sie an Bord einer Acht-Millionen-Pfund-Yacht, um noch mehr Interviews hinter sich zu bringen, ehe sie sich die ganze Nacht im Planet Hollywood mit den Supermodels Naomi Campbell und Kate Moss und anderen Prominenten auf einer rauschenden Party amüsierten.

Nach ihrem Triumph in Cannes flogen die Spice Girls nach New York, um den bis dahin größten Erfolg zu feiern – nach zwei Monaten in den US-Charts hatte das Album *Spice* den Spitzenplatz erreicht. Damit waren sie die erste britische Gruppe, die mit dem ersten Album in Amerika auf Platz 1 kam. (Das erste Album der Beatles, *Introducing The Beatles,* wurde von ihrem zweiten, *Meet The Beatles,* abgefangen und überholt.) Zudem nahm die Single *Say You'll Be There* am selben Tag Platz 5 ein. Die Mädchen sangen den Song in der David Letterman-Show, dann begossen sie ihren Erfolg in Manhattan.

Mel B sagte: »Wir können nicht glauben, daß das Album an der Spitze der Charts ist – es ist der helle Wahnsinn. Wir haben gehofft, in die Top Ten zu kommen, aber nicht auf Platz 1.« Und Geri setzte hinzu: »Es ist sagenhaft. Das ist kein reines Glück – wir haben verdammt hart dafür gearbeitet.« Und in einem gemeinsamen Statement erklärten die Mädchen: »Der Pop ist dank Girl Power wieder da, und wir sind begeistert. Das beweist, daß man mit Fleiß und Entschlossenheit alles erreichen kann. Die Unterstützung unserer Fans hat uns bei unserer Mission, Amerika zu erobern, sehr geholfen.«

Drei Wochen später war das Album immer noch auf Platz 1, doch die Mädchen feierten bereits einen neuen Erfolg. Sie wurden in London mit zwei begehrten Ivor Novello Awards für Songwriter geehrt – für die beste britische Single und für den besten internationalen Hit, *Wannabe.* Die Preisverleihung fand an Mel Bs zweiundzwanzigstem Geburtstag statt, und wie sie es in Cannes mit den Journalisten gemacht hatte, stachelte Geri die VIPs im Publikum an, »Happy Birthday« zu singen.

In einem knappen Jahr seit der Veröffentlichung von *Wannabe* hatten die Spice Girls ihre kühnsten Träume übertroffen. Sie hatten in einunddreißig Ländern Nummer-eins-Hits und übertrafen damit den Rekord der Beatles. Sie hatten vierzehn Millionen Singles und zehn Millionen Exemplare von *Spice* verkauft, das sieben Monate nach Erscheinen immer noch unter den Top Three in England und vier Wochen Nummer 1 in Amerika war und erst von dem Ex-Beatle Sir Paul McCartneys Album *Flaming Pie* von der Spitze verdrängt wurde.

Niemand konnte die Spice Girls aufhalten. Sie waren Werbeträger für mehr als hundert Warenartikel, angefangen von Zahnstochern und Parfums bis zu Computer-Software und HiFi-Geräten, und sogar Autofirmen sicherten sich ihre Spitznamen als Markenbezeichnung. Mit dem Film, einem neuen Album, das sicher für einige

Nummer-1-Singles gut ist, dem Konzert in der Türkei und einer Welttournee, die im Februar 1998 beginnt, ist die Spice Girl-Party noch in vollem Gange. Geri drückt das folgendermaßen aus: »Die Spice Girls wird es erst dann nicht mehr geben, wenn wir keinen Spaß mehr haben. Im Moment haben wir noch eine Menge Spaß.«

Sie hatten es weit gebracht seit den anstrengenden, tränenreichen Gesangsstunden mit Pepi Lemer. Damals hatte Pepi in ihre blitzenden Augen gesehen und gewarnt: »Es ist wie eine Lotterie, Kinder. Nur einer von hundert Millionen schafft es.«

Geri, Mel B, Victoria, Mel C und Emma sind fünf von hundert Millionen, und sie haben sicherlich die Pop-Lotterie gewonnen. Und der Jackpot wird immer größer.

Danksagung

Allen, die mich bei den Recherchen und der Herstellung dieses Buches tatkräftig unterstützt haben, bin ich sehr verbunden.

Mein größter Dank gilt den Personen, die mir so großzügig ihre Zeit für Interviews zur Verfügung gestellt haben – besonders Pepi Lemer, der Gesangslehrerin der Spice Girls, Erwin Keiles, ihrem ersten Songwriter, Tim Hawes, der der Gruppe bei der Namensuche behilflich war, und Ian Lee, der mich mit wertvollen Informationen über die Ursprünge der Gruppe versorgte. Auch der britischen Presse schulde ich Dank; die Artikel im *Express, Mirror* und in der *Sun* haben es mir ermöglicht, den unglaublichen Erfolg der Spice Girls chronologisch zusammenzufassen.

Mein Dank gilt den Mitarbeitern des Goldmann Verlages, die mit großem Einsatz für eine rasche Veröffentlichung dieses Buches sorgten, und vor allem meiner Lektorin Frauke Brodd.

Zudem danke ich meiner Schwester Alison McGibbon für ihre wertvolle Hilfe und Simon Lee, den ich hier erwähnen möchte, einfach weil er ein guter Freund ist.